위기의 사람들2

위기의 사람들2

초판 1쇄 발행 2025. 5. 22.

지은이 강만구
펴낸이 김병호
펴낸곳 주식회사 바른북스

책임편집 주식회사 바른북스 편집부

등록 2019년 4월 3일 제2019-000040호
주소 서울시 성동구 연무장5길 9-16, 301호 (성수동2가, 블루스톤타워)
대표전화 070-7857-9719 | **경영지원** 02-3409-9719 | **팩스** 070-7610-9820

•바른북스는 여러분의 다양한 아이디어와 원고 투고를 설레는 마음으로 기다리고 있습니다.
이메일 barunbooks21@naver.com | **원고투고** barunbooks21@naver.com
홈페이지 www.barunbooks.com | **공식 블로그** blog.naver.com/barunbooks7
공식 포스트 post.naver.com/barunbooks7 | **페이스북** facebook.com/barunbooks/

ⓒ 강만구, 2025
ISBN 979-11-7263-392-9 03810

•파본이나 잘못된 책은 구입하신 곳에서 교환해드립니다.
•이 책은 저작권법에 따라 보호를 받는 저작물이므로 무단전재 및 복제를 금지하며,
이 책 내용의 전부 및 일부를 이용하려면 반드시 저작권자와 도서출판 바른북스의 서면동의를 받아야 합니다.

전직소방관의 실전 이야기

위기의 사람들 2

강만구 지음

바른북스

| 머리말 |

얼마 전 영화 〈소방관〉이 개봉되었습니다.

내용은 2001년 3월 서울 홍제동 주택화재에서 화재진압을 마치고 인명구조를 하던 구조대원들이 화재주택이 붕괴되면서 현장에서 구조대원 6명이 사망하는 사건을 모티브로 한 영화입니다. 대한민국 소방 역사상 단일화재로 많은 소방관들이 순직한 것은 홍제동 주택화재 붕괴 사건이 유일할 것입니다.

열악한 근무조건에서 사명감 하나로 생사를 넘나들며 인명을 구조하는 대원들을 보면서 예전 모습이 생각나서 눈시울을 적시었습니다.

지금은 전에 비하면 소방장비와 개인장구도 많이 좋아지고 장갑 등의 물품도 지급이 잘된다는 후임들의 얘길 듣고 감사한 마음이 들었습니다.

소방관으로서 살아온 34년의 생활을 마무리하고 정년퇴직한 지도 어느덧 7년의 세월이 지났습니다.

광음여류라 했던가요, 세월이 많이 흘렀습니다. 세월이 흐르는 물과 같이 빠르게 지나간 것 같습니다.

푸르고 푸른 젊은 시절 나의 청춘은 불과의 전쟁으로 시작되었습니다.

화재와의 전쟁에서 위험한 위기를 수도 없이 겪었습니다.

그 많은 위험과 위기 앞에서 많은 선배와 후배 동료분들이 쓰러지고 사라져 갔습니다. 죽은 자가 산 자를 살리듯이 그렇게 위험한 현장의 위기를 승리의 삶으로 승화시켜 활동해 왔습니다.

많은 시민들이 위험과 위기에 처했을 때 어떻게 살아날 것인가를 고민하고 나온 해답이 시민들에게 홍보하는 것이었습니다.

　시민들과 위기 대처법을 공유하고자 현장에서의 활동을 간간이 신문에 기고하였고 그 내용들을 모아 『위기의 사람들』이란 책을 8년 전에 만들었습니다.

　화재는 예나 지금도 우리 주변에서 늘 발생하고 있습니다.

　불에는 좋은 불과 해로운 불이 있다고 합니다. 해로운 불을 우리는 화재라고 부르고 있지요. 지금은 퇴직하여 화재현장에서 물러나 있지만 해로운 불 화재에 대해서 가슴 한구석에 간직했던 기억의 일부를 꺼내어 초판과 더해 『위기의 사람들 2』를 만들었습니다. 전문적으로 글 쓰는 사람이 아니라 내용이 투박하고 딱딱한 단어들이 있을 수 있습니다. 하지만 진솔하게 썼고 사실에 접근한 내용이라는 점에서 읽어주셨으면 합니다.

　지금도 각종의 재난현장 최일선에서 불철주야 수고하시는 소방관님들의 노고와 희생정신에 감사드리며, 앞표지 그림을 만들고 수고해 준 큰딸 민주 작가 감사하고, 퇴직 후에도 변함없이 늘 뒤에서 응원해 주는 사랑하는 우리 김 여사님, 그리고 도서출판 바른북스 관계자 여러분께도 감사를 표합니다.

　끝으로 이 모든 것을 할 수 있도록 용기와 힘을 주신 하늘에 계신 아버지께 감사를 드립니다.

2025. 5.
강 만 구

이런 사람이 되게 하여 주소서!

올해는 이런 사람이 되게 하여 주소서!
무엇이 옳고 그른지
무엇을 취하고 무엇을 버릴지 아는 지혜 있는 자가 되게 하여 주옵소서.
불의와 타협하지 않게 하여 주시고 정의가 살아있는 사람으로,
권모술수나 줄서기보다 작은 소신으로도 세상에 기여할 수 있는 자로,
학벌과 지연보다 노력과 정직으로 승리할 수 있고
정의로운 패배에 승복할 줄 알며,
간악한 말재간으로 남을 모함하여 선량한 자를
위험에 빠트리는 일이 없도록 하며,
강한 자에 서기보다 약한 자 편에 서서 호흡을 같이하며,
자랑과 교만과 자만을 멀리하고 아첨과 모략이 발을 못 붙이게 하며,
원망과 불평보다 늘 주어진 것에 감사할 줄 알며,
"안 돼!" 보다는 "돼!" 라는, 부정의 말보다 긍정의 말이
입에서 살아 움직이게 하소서!
내 안에 미움보다 사랑이 폭포수 같이 넘쳐나게 하시고,
내 손에 움켜진 소방호스의 물줄기는 어렵게
평생 모은 재산을 건지는 재물수(財物水)가 되고,

내 몸은 불구덩이 속 죽음의 공포에서 떨고 있는 아이를 구조할 수 있는
용기를 주소서!
내 영혼은 비겁하지 않고 화마와 싸워 연기 속에서
애타게 절규하는 노인을 지켜낼 수 있는 용맹함을 갖게 하며,
늘 낮은 자세로 봉사하며 섬길 수 있는 겸손함을 주소서!
그리고 항상 재난의 현장에서 한 생명을 구하고자
먼저 들어가고 나중에 나오는 구난자가 되게 하며,
어려운 여건에서 내가 나를 안전하게 지킬 수 있는
힘을 주소서!

【인천신문, 2012년 01월 26일 투고】

contensts

머리말 / 4
이런 사람이 되게 하여 주소서! / 6

긴글

이것이 무엇일까요! / 11
그날의 화재 / 12
눈 내리는 날 / 28
막장에서의 혈투 / 35
호사다마(好事多魔) / 43
강 반장 화이팅 / 54
한 번의 실수 / 63

견명(犬命) 구조 / 69
화마 속의 엄마 사진 / 76
방범창의 이중성 / 86
화재진압 촬영 장난이 아니네! / 90
초가집 화재의 비밀 / 93
호랑이 굴 속에서의 정신차림 / 98

기고

쥐불놀이와 화재예방 / 106
생명의 소리 / 108
소방도로 제자리 찾아주기 / 111
숭례문 화재가 주는 교훈 / 113
사라지는 것을 막는 것이 소방 / 115
방환미연(方患未然)의 유래 / 118
소방의 날 생각하며 / 120
열쇠의 비밀 / 122
다 같이 사는 세상 / 124

방화는 범죄다 / 126
화재로부터 내 집을 지키자 / 129
긴급출동 차량에 양보를 / 131
전기 히터봉 안전하게 사용하자 / 133
119 허위신고 '그만' / 135
안점점검은 계속되어야 한다 / 137
주택 스프링클러 설치운동 / 139
목조건물 화재의 비밀 / 141
안전불감증 이제는 그만 / 143

방화와의 전쟁 / 145
부주의가 화재를 부른다 / 147
다중이용업소 불이익 없기를 / 149
비상구 찾아주기 생활화하자 / 151
소방방재청 반드시 신설되어야 / 153
119구급대원을 슬프게 하는 것들 / 155
재난 관련법 통합, 정비돼야 / 157
혈소판 제공한 119 / 159
이 몸이 죽고 죽어 무엇이 될꼬 하니 / 162
소화기 강매·수거 조심 / 164
소화기 주고받기 / 166
위험한 지하철화재 / 168
비상구 유지관리 만전을 기해야 / 170
소방차 출동과 벌금 걱정 / 171
화재예방 안전수칙 생활화 / 173
목조건물 화재 진화의 어려움 / 175
아파트 화재 땐 연기부터 차단 / 177
옛 추억의 불조심 리본 / 179
태풍과의 전쟁 대비하자 / 181
누전 차단기 설치 여름철 화재예방 / 183
구급차와 접촉사고로 이득을 취하려 하다니… / 185

화재예방이 물 절약 / 187
화재 신고는 신속 정확하게 / 189
겨울철 건조기에 산불예방 / 191
화재 많았던 신사년 한 해 / 193
신속한 화재진압은 소방도로가 우선 / 195
재난수습 중추기관 자리매김 / 197
아빠 발 씻어드리기 / 199
살신성인(殺身成仁) 정신 잊지 말자 / 201
소방도로는 생명길 / 203
소화전에 주인의식 갖자 / 205
악조건에 일하는 남편 자랑스러워 / 208
주점(酒店) 비상구 폐쇄 위험천만 / 210
매사 불조심 체질화하자 / 212
소방의 날 적극 참여 / 214
현명한 119 신고요령을 알자 / 216
전기 감전에 의한 화상환자 / 218
단순사고 119 구조요청 자제 / 221
자율과 책임 있는 의식으로 119구급대 이용 / 223
한 해를 돌아보며 / 226
119 이용 시민정신 아쉽다 / 228

부록

☞ 알아두면 유용한 것들 / 230

▎긴글

이것이 무엇일까요!

그날의 화재

눈 내리는 날

막장에서의 혈투

호사다마(好事多魔)

강 반장 화이팅

한 번의 실수

견명(犬命) 구조

화마 속의 엄마 사진

방범창의 이중성

화재진압 촬영 장난이 아니네!

초가집 화재의 비밀

호랑이 굴 속에서의 정신차림

이것이 무엇일까요!

신속한 출동을 위하여 항상 대기 상태에 있는 소방관들… 0.1초의 출동 시간이라도 줄이고자 방화복과 방수화를 결합하여 두고 있다. 소방차 옆에서 주인을 기다리고 있는 모습이다.

그날의 화재

언제나 이 길을 지날 때면 그날의 아픔이 생각나곤 한다.
"앞차가 졸면 빵! 빵!"
고속도로 육교 한편에 붙어 있는 현수막 글귀다.
그날 사고 이후 현수막 글귀가 새롭게 보이기 시작했다.
교육을 마치고 늦게 고속도로 톨게이트를 빠져나올 때는 자정이 넘은 시간이었다. 꽤 늦은 시간임에도 많은 차량들은 넓은 도로를 속도 제한이 없다는 듯 달리고 있었다. 셀 수 없는 많은 차량들이 내 앞을 추월해 지나갔다.
이 늦은 시간에 빠르게 목적지로 향하는 것은 사랑하는 사람을 위하여 마음이 달려가고 있다는 생각이 들었다.
그러나 깜깜한 밤에 그것도 희미한 도로에서 가로등과 작은 전조등 불빛에 의지한 채 고속으로 차를 운전하는 것은 꽤나 위험하지 않은가.
자동차는 사람들에게 편리함과 신속함, 유익함을 제공한다. 하지만 유익함이 재난으로 바뀔 때는 무한한 피해를 제공하기도 한다.
개인과 가정, 그리고 사회에 많은 피해를 주고 있음을 우리는 예전이나 지금도 주변에서 보고 있다. 많은 사람들이 자동차 사고로 인하여 숨지거나 부상으로 장애를 가지고 고통스럽게 살아가고 있는 것이다. 그러기에 사람들은 자동차를 도로의 흉기라고 말하고 있다.

잠시 엉뚱한 생각을 하며 운전하고 있는 이때, 승용차 한 대가 갑자기 차선을 넘어와 내 차 옆을 아슬하게 스치고 지나갔다. 깜짝 놀라 무의식적으로 핸들을 돌렸다. 다행히도 뒤에 오는 차가 없어서 사고는 없었지만 위험한 순간이었다. "뭐야! 저런 놈이 다 있어! 운전은 어떻게 하는 거야!" 입에서 거친 욕이 튀어나왔다. 그런데, 그 승용차의 움직임이 어딘지 이상했다. 주행차선으로 가야 함에도 차선을 이탈하여 도로 옆에 설치된 가드레일에 가까이 붙었다가 다시 차선으로 들어오기를 반복하면서 주행하고 있는 것이다. "혹시! 음주운전?!" 주행 중인 차량 모습을 보면서 음주운전 아니면 졸음운전이라는 생각이 머리를 스치고 지나갔다. 졸음운전이든, 음주운전이든 어디서부터 차를 운전하고 왔는지 알 수는 없지만, 음주운전이라면 운이 좋은 사람이라고 생각했다. 사고 없이 여기까지 왔다는 것이 기적 같았다.

앞서가는 자동차를 보면서 걱정이 되었지만, '지금까지 잘 왔으니 잘 가겠지'라고 생각했다. 나의 무뎌진 영혼이 고개를 드는 순간이었다.

안전의식이 투철했다면 상대 운전자에게 클랙슨을 눌러주어 경각심을 주든지, 고속순찰대에 연락해서 해결하든지, 조치를 취했어야만 했다. 그러나 나와 관계없는 일, 귀찮다는 이유로 나는 타인의 일에 관심이 없는 방관자가 되어 있었다. 예전에 내가 아니었음을 느낀다. 사명감 있고 정의롭고 남의 일에 필요 이상으로 간섭하여 가끔 오해도 받았었다. 교통경찰관이 없는 사거리에서 차들이 서로 가려고 엉켜 있는 상황에서 차에서 내려 교통을 정리하여 원활하게 수습하였고, 작은 손수레에 폐종이를 가득 싣고 도로 언덕길을 오르는 노인의 모습을 보고 위험하다고 생각하여 손수레 뒤를 밀어주는 일, 차들이 싱싱 달리는 도로 한복판을 무단 횡단하는 노인을 보고 위험을 느껴 도로에 비상등을 켜고 차를 세운 채 노인을 부축하여 같이 길을 건너갔던 일, 길 잃은 치매노인 가족을 끝까지 찾아 가족에게 인계했던 일… 그 외에도 많은 일들이 있었지만…

그러나 지금은 예전 같은 용기와 관심이 없어졌다. 세상인심이 변했는지 내가 변했는지 무뎌진 모습을 보면서 괜한 세월 탓으로 돌린다.

우리나라 자동차의 크기도 예전보다 커졌다. 도로의 폭도 예전보다 커진 것도 사실이다. 예전에는 차로당 폭이 2.5m~3m 정도였지만 오늘날에는 차로당 폭이 일반도로 3~3.5m, 고속도로 3.5~3.75m로 넓어졌다고 한다. 하지만 교통량의 증가와 자동차도 커져서 넓은 도로도 좁아진 느낌이 든다. 주차하고 차에서 타고 내리려면 옆 차와의 공간이 적어 투덜거리는 것을 종종 본다. 차량의 증가로 안전과 배려 주차가 강조되는 세상이 되었다. 음주운전은 더욱 위험하다.

늦은 밤에서 운전은 여러 가지로 조심해야 한다. 시야확보에 어려움이 있고 운전자의 특성에 따라 차이는 있지만 앞차와의 거리조절 능력도 문제가 된다.

그리고 어둠 속에서 주변 환경이 보이지 않기 때문에 지리적 파악에도 곤란을 겪을 수가 있다.

어느새 도로는 한적한 곳으로 진입 시작했다. 시와 도의 경계를 안내해 주는 커다란 표지판이 나타났다. 표지판에는 세 방향의 길을 표시해 주는 이정표가 어둠 속에서도 발광하며 길을 안내하고 있었다.

표지판을 지나자 멀리 어둠 속에서 붉은 섬광이 아른거렸다.

점점 다가갈수록 불꽃과 연기가 시야에 들어왔다. "이 시간에 불이라니!", "혹시! 불이…!", 혼자 중얼거리면서 발에 눌려 있던 가속페달에서 힘이 빠지면서 자동차 속도를 줄였다.

다가갈수록 불이 난 자동차가 선명하게 나타났다.

불이 난 승용차는 앞쪽으로 향하여 있어야 하는데 반대방향으로 틀어져서 불이 나고 있었다. 그리고 차량 앞쪽은 찌그러져 안쪽으로 밀려 들어가 있었다. 엔진룸을 덮는 보닛은 구겨진 상태로 앞 유리창 앞을 덮고 있었고 어둠 속 보닛이 열린 엔진에서 불이 타오르고 있었다. 또한 시도를 나누는 경계벽인 안전벽은 흉물스럽게 파손되어 벽 속 안에 내용물들이 튀어나와 주변에 흩어져 있었다.

사고 차는 조금 전 내 앞을 스치고 지나간 자동차였다.

차량의 파손모습과 안전벽의 무너진 모습을 보고 사고 상황을 추측할 수 있었다.

사고 자동차는 곧바로 주행하면 안전벽과 부딪힐 수 있도록 되어 있었다. 어둠 속에서 운전자는 어떤 이유에서인지 안전벽이 설치되어 있는 것을 보지 못했고 사고 차는 안전벽과 추돌하면서 안전벽은 파괴되고 충격으로 사고 차는 180도 회전하였고 그 충격으로 엔진에서는 불이 발생하였다고 추정할 수 있었다. 어두운 밤에는 도로의 차선이 선명하게 보이지 않기 때문에 운전에 집중하지 않으면 언제나 위험해질 수 있다.

신속한 화재진압이 필요하였다. 일부 운전자들이 소화기로 불을 끄고 있었다. 차를 도로 가장자리에 세우고 소화기를 갖고 불이 난 쪽으로 달려갔다. 가져간 소화기의 안전핀을 빼고 방출호스(노즐)를 잡고 엔진에서 타고 있는 불을 향하여 소화기 손잡기를 힘껏 눌렀다.

어둠 속에서 하얀 분말 가루가 불꽃을 향해 뽀얗게 덮어버리자 불꽃이 사그라지는 듯했다. 그러나 불은 꺼질듯하면서 다시 살아났다.

엔진 밑에서 타고 있는 불에 소화약제가 닿질 않기 때문에 불이 살아나곤 하는 것 같았다.

소화기로는 불을 끄기 힘들다는 생각이 들었다. 소방서에 화재신고를 하자 119 화재접수 근무자는 화재장소와 고속도로 상행선, 하행선 등 필요한 것들을 물었다. 근무자가 묻는 질문에 차근차근 알려주었고 근무자가 알았다고 할 때까지 통화는 계속되었다.

운전자의 안위가 궁금하였다. 운전석으로 다가가 문을 열려고 하니 열리지 않았다. 추돌사고로 인하여 문이 틀어진 모양이었다. 어두운 밤인데도 달빛 때문인지 불꽃 때문인지 투명한 유리의 차 안 내부는 볼 수 있었다. 그러나 사람의 모습은 보이지 않았다.

엔진룸에서 시작된 불은 점점 커져가기 시작했다. 소화기로 불을 끄려고 노력하였지만 불은 꺼질 줄 몰랐고 소화기도 바닥나고 없었다.

소방대가 빨리 오기만을 바랄 뿐이었다. 타고 있고 끌 수 없는 불을 바라보니 무력감이 다가왔다. 마음은 급했고 소방차의 사이렌 소리는 좀처럼 들리지 않았다. 고속도로에서의 차량화재는 나들목까지 가서 돌아와야 하기 때문에 시간이 걸리는 것은 알고 있지만 이처럼 분초를 다투는 상황에서 소방차의 도착은 더욱 더디게 느껴졌다. 불은 점점 커지고 세졌다. 불은 앞쪽 타이어로 옮겨붙으면서 화세는 더욱 강력해졌다. 타이어에서 내뿜는 검은 연기가 캄캄한 하늘을 더 어둡게 하고 있었다.

멀리서 소방차 사이렌 소리가 들려왔고 이어서 소방차가 현장에 도착했다. 소방대원들이 소방호스를 펼치고 소화 작업을 실시하자 불은 금방 사그라져 들었다.

2

오늘도 무더위로 힘든 하루가 될 것 같다.
이른 오전임에도 좌우로 힘차게 돌아가는 선풍기 바람이 미지근하다.
후덥지근한 선풍기 바람이 좁은 사무실을 더 비좁게 만든다.
에너지 절감을 위해서 에어컨을 작동하지 않고 벽걸이 선풍기에 의지한 채 근무에 임한다.
'오늘도 무사히'라는 무언의 약속을 가슴에 새기기도 전에 사무실 한쪽에 설치된 스피커에서 화재출동 하라는 소리가 흘러나왔다.
"화재출동! △△시장 도로변, 차량화재! 화재출동!" 늘 그랬듯이 소방차에 뛰어올라 좁은 공간에서 개인용 진압장구를 착용하면서도 차량용 무전기에서 흘러나오는 지령근무자의 목소리에 귀는 집중하고 있었다.
화재신고가 많지 않다는 지령자의 목소리가 긴장감을 낮추어 주었다.
불이 클 경우에는 화재신고가 폭주하기 때문에 신고 접수가 마비될 정도이다. 소방차량의 번쩍이는 경광등과 사이렌 소리가 도로를 긴장시키면서 달리고 있었다. 도로 가장자리의 불법 주정차의 자동차들은 언제나 자리를 지키고 있다. 좁은 도로를 소방차는 가다 서기를 반복하면서 출동했다.
소방차량에 부착된 스피커를 통해 화재출동 중이니 우측으로 피해 달라고 방송을 해본다. 간간이 우측으로 피해주려는 운전자들이 있어 조금씩 앞으로 나갈 수 있었다.
소방차는 우여곡절을 겪고서야 불이 난 현장에 도착했다. 도로 가장자리에 주차된 자동차의 앞부분에서 검은 연기가 불꽃과 함께 타오르고 있었다.
주변에는 많은 사람들이 불타고 있는 자동차를 구경하듯 바라보고 있었다. 사람들의 안전을 위하여 뒤로 물러나 줄 것을 말하였다.

　소방대원들이 뜨거운 엔진 보닛을 장비를 사용하여 열었다. 동시에 미리 펼쳐 놓았던 빵빵하던 소방호스에서 힘찬 물줄기가 뿜어져 나왔다. 물줄기는 엔진 룸을 향해 폭포수처럼 쏟아져 내렸다.

　또한 차 뒷부분에 연결되어 있는 연료 탱크와 차량 밑 부분까지 물을 뿌리자 불은 꺼지기 시작했다.

　이번 차량화재는 힘들지 않은 소화 작업이었다.

　화재원인을 찾기 위해서 조사가 이루어졌다.

　차량운전자에게 당시 상황에 대하여 설명해 줄 것을 말했다.

　운전자는 다음과 같이 말했다.

　운행 중이었는데 자동차의 앞부분에서 연기가 나는 것을 보고 도로 우측에 차를 세웠다고 했다. 엔진 보닛을 열려고 했으나 워낙 뜨거워서 열지 못했고 119에 먼저 신고를 했다는 것이다. 화재조사자는 엔진 쪽에 주목했고 그곳에 정밀 조사가 이루어졌다. 엔진 속에는 기름때와 여러 가닥의 배선들이 타고 녹고 엉켜져 있었다. 배선으로 보아서는 특별한 원인을 찾을 수가 없었다. 차량이 오래된 것이 아니기 때문에 전기 배선들이 노후화되어 있지 않았다.

　엔진 쪽을 세밀하게 조사해 보니 엔진 위 한편에 녹아서 탄화되어 있는 물질 일부를 발견했다. 세밀하게 살펴보니 형태 일부가 손가락 형상을 하고 있었다.

　화재원인의 단서라고 생각이 들었다.

　"자동차가 선생님 소유로 되어 있나요?" 조사자가 물었다.

　"예, 그렇습니다. 제가 주인입니다."

운전자는 차분한 목소리로 답했다.

"최근에 자동차 수리한 적 있나요?" 재차 물었다.

그러자, 그는 잠시 생각하더니 얼마 전에 차량정비업소에서 엔진을 수리했다고 말했다.

화재조사는 과학적이고 객관적으로 원인 조사를 하여야 한다. 확실하지 않고 추상적이고 주관적인 생각으로 조사가 이루어지면 오류가 발생하여 송사에 휘말리고 행정의 신뢰성을 잃기도 한다.

따라서 화재원인은 정확한 사실로 인정되었을 때 결론을 내리는 것이다.

추정만으로 화재현장에서 당사자에게 알리는 것은 커다란 위험에 빠질 수도 있는 것이다.

사무실로 들어와 화재 관련 질문서류와 차량조사 등을 검토하여 조사한 결과 자동차를 정비할 때 정비공이 수리를 마치고 깜박하고는 기름때 묻은 장갑을 엔진에 놓고 엔진 보닛(덮개)을 닫았다.

그런 사실을 모르고 무더운 여름날에 운전자는 오랜 시간 운행을 하였고 엔진에서 뜨거운 열이 발화점 이상 되어 있는 기름 묻은 장갑에 발화되어 불이 난 것으로 결론을 내렸다.

3

연일 계속되는 더위로 방송에서는 열 손상에 대한 건강법과 대처방법을 알려주고 있다.

낮의 온도가 사람의 체온에 가까워지고 있다고 한다.

폭염경보가 발령된 지 수일이다. 일사병은 고온, 강한 햇빛에 노출되었을 때 두통, 어지러움, 무기력감, 의식혼돈 등의 증세가 나타난다고 한다. 열사병은 폭염에 오랜 시간 노출되었을 때 몸의 열 배출기능이 문제가 되어 나타나는데 예방법으로는 직사광선을 차단할 수 있는 커튼, 천, 필름 등을 설치하고 외출할 때는 챙이 긴 모자, 햇빛 가리개, 선크림 등의 차단제를 준비해야 한다. 그리고 시원한 장소에서 휴식이 필요하고 일사병보다 열사병이 더 위험하다고 한다.

사무실에서 에너지 절약을 위해 사용을 중지했던 에어컨을 작동시켰다. 선풍기에서 나오던 뜨거웠던 바람이 에어컨의 시원한 바람과 결합하면서 사무실 공기가 시원하고 상쾌하였다.

실내·외의 온도차이가 섭씨 5도 이내가 건강에 좋다고 한다. 에어컨 온도조절기를 건강온도로 조작한다.

오전에 발생했던 자동차화재를 생각하면서 오래전 주차장 화재가 생각났다.

화재출동을 받고 화재현장에 도착했을 때 4층 건물의 1층에 있는 필로티 주차장에서 엄청난 양의 검은 연기가 개방된 공간으로 쉼 없이 분출하고 있었다. 대원들 각자는 공기호흡기를 착용하고 소방차량에 적재되어 있는 소방호스를 2개 방향으로 펼치면서 검은 연기 속으로 들어갔다. 앞을 볼 수 없는 칠흑 같은 농연 속이지만 열기가 없어 앞으로 진입할 수 있었다.

짙은 농연 속에서도 주차된 자동차에서 불이 타오르는 모습이 보였다.

천장에는 커다란 불 구름이 사방으로 퍼져가고 있었고 천장을 향하여 손에 힘주어 쥐어져 있던 관창을 개방했다. 힘찬 물줄기가 천장을 향하여 뿜어 되기 시작했다. 뒤에 도착한 다른 출동대와의 합동진압과 소방대원들의 신속한 진압 활동으로 인해 소수의 차량들을 태우고 진화되었다. 다행히도 인명피해는 없었다.

늘 하던 방식으로 화재진압과 동시에 화재원인 조사가 이루어졌다.

1층에 위치한 음식점 주방에서 튀김 작업을 하던 중 튀김기에서 솟구친 불이 주방 상부에 설치된 배출 덕트로 옮겨간 것이다. 덕트 내부는 음식물 조리과정에서 발생한 기름 찌꺼기가 후드나 덕트에 눌어붙어 두꺼울 정도로 얼룩져 있었고 불이 기름 찌꺼기에 착화되면서 불이 난 것이다. 배출 덕트의 배출구는 같은 층의 주차장과 연결되어 있어서 덕트를 타고 간 화염이 주차장 천장에 설치된 스티로폼의 단열재에 옮겨붙으면서 불을 확산시킨 것이다. 불을 더욱 확산시킨 원인으로는 배출 덕트가 금속이 아닌 PVC 재질의 주름관으로 시공되었기에 급속히 화재 진행을 키웠다.

그래도 다행인 것은 배출 덕트가 공용으로 연결되어 있지 않고 단독으로 연결되어 있어 큰 화재로 번지지 않은 것이다. 이번 화재를 계기로 음식점 배출구 덕트는 주기적으로 청소를 해주어야 한다는 생각이 들었다.

4

나라 경제가 성장하면서 국민 소득이 증가하고 삶의 질 또한 좋아졌다.

삶의 질에는 여러 가지의 방법이 있을 것이다.

그중 하나가 자가용 소유일 것이다. 자동차가 증가할수록 차량 화재도 늘어난다. 자동차가 과거에 비하면 성능도 좋아지고 고장률도 적어졌다.

예전에는 도로에 여기저기 고장 난 차들이 서 있었던 기억이 난다.

지금은 자동차들도 멋지고 다양하고 보기 좋으며 고장도 적고 차량 수명도 오래가도록 만들어졌다.

하지만 사회에 대한 불만과 또는 보험금을 노리고 고의로 자동차에 불을 붙이는 차량화재가 종종 발생해서 사회 문제가 되기도 한다.

조용하던 사무실 벽에 설치된 스피커에서 지령자의 낭랑한 목소리가 흘러나왔다.

"화재출동! ○○동 주택화재, 화재출동!"

출동지령 근무자의 절제된 목소리가 출동대원들의 귓속을 긴장시켰다.

늘 하던 방식대로 소방차에 올라탔고 차량 안의 좁은 공간에서 개인 장비를 착용하느라 손놀림이 바쁘게 움직였다.

"화재신고는 계속해서 들어오는지 확인 바람!"

출동대장이 차량에 부착되어 있는 무전기로 말했다. 이어서 지령근무자의 응답이 흘러나왔다.

"신고 건수는 처음 접수된 것 하나뿐!"이라고 지령자가 말했다.

대원들은 불이 크지 않다는 것을 알 수 있다. 신고 건수가 적다는 것은 큰불이 아님을 알 수 있는 것이다. 큰불이 나면 화재신고가 폭주한다. 그렇다고 화재현장이 안전하다고 볼 수도 없다. 작은 불이든 큰 불이든 화재현장은 다양하기에 긴장감을 놓을 수 없다. 화재로 쇼크가 일어나 실신하거나 불을 끄다 화상을 입는 경우도 있고 잔불이 남아 있어 더 큰 불로 이어질 수 있기에 현장까지 가서 안전 여부를 확인해야만 상황은 종료되기 때문이다.

소방차는 좁은 도로에 더 이상 진입할 수 없었다.

차에서 내린 대원들은 소방호스를 화재현장까지 펼치고 또 다른 호스를 연결해 가면서 불이 난 장소까지 접근했다.

자신이 화재신고를 했다는 남루한 옷을 입은 중년의 남자가 소방대원들 앞을 가로막았다.

"불이 난 곳으로 안내해 주시겠어요?" 출동대장이 말했다.

남자는 주택의 대문을 통과해 마당을 가로질러 한쪽에 위치한 작은 집으로 안내했다.

부엌에는 가스레인지를 중심으로 벽과 천장이 소화기 분말 가루로 덮어져 있었고 시꺼먼 끄름과 검게 퇴색되어 버린 냄비와 흐트러진 걸레들, 그 옆에 불을 끄려고 사용하고 버려진 소화기, 소화약제와 뒤섞인 물이 주변을 어지럽히고 있었다.

"어떻게 된 상황인지 설명해 주시겠습니까?"

출동대장의 질문이 이어졌다.

남자는 상기된 표정으로 다음과 같이 말했다.

라면을 끓이려고 가스레인지 위에 냄비를 놓고 불을 켰는데 잠시 후 갑자기 불이 솟구쳐 올랐고 깜짝 놀라 가스 밸브를 잠갔지만 불은 꺼질 줄 몰랐고 오히려 주변에 있던 가연물인 행주로 불이 옮겼다고 했다.

놀라고 무서운 생각에 정신없이 주방 수돗물을 이용해서 불을 끄려 했지만 불은 커졌고 소화기가 생각나서 현관에 있던 소화기를 가져다가 불을 껐다고 했다.

다행스럽게도 주방 근처에 불이 붙을 수 있는 가연물들이 많지 않아 다행이었다.

화재조사를 하기 위해 냄비를 중심으로 감식에 들어갔다.

스테인리스 재질의 냄비 밑바닥에 주목했다. 냄비를 들어 올리고 바닥을 보자 PVC 재질의 타버린 물질이 냄비에 녹아서 붙어 있었다.

화재원인이 밝혀지는 순간이었다.

가정에서 뜨거운 음식을 올려놓을 때 냄비 받침대를 사용하곤 한다. 받침대의 재질도 목재 또는 플라스틱, 합성물질 등 다양하다. 받침대가 냄비 밑에 붙어 있는 줄 모르고 가스레인지 불판에 냄비를 올려놓을 때 받침대에 불이 붙은 것이다.

이번 화재는 피해가 크지 않아서 다행이다. 관계자의 신속한 대처와 소화기가 큰 역할을 해서 대형의 불을 막을 수 있었다.

5

오후임에도 태양은 식을 줄 모르고 도심의 아스팔트 도로를 뜨겁게 달구고 있다. 아무리 뜨거울지라도 태양은 어둠 속으로 사라질 것이다. 그것이 자연의 섭리고 원리다.

"화재출동! △△고속도로 상행선 ○○지점 차량화재! 화재출동!"

"요구조자는 없는 상태, 참고하기 바람!"

고속도로에서 자동차에 불이 났다는 출동지령이었다.

고속도로에서의 차량화재는 고속도로 상행선 또는 하행선의 입구를 잘 파악하고 있어야 한다. 출입구의 오판으로 인해 화재진압의 승패가 결정되기 때문이다. 길을 잘못 선택하여 고속도로 반대편으로 진입하였을 때는 다음 게이트를 돌아와야 하기 때문에 분초를 다투는 화재진압에서는 치명적이다.

멀리서 검은 연기가 하늘로 올라가는 모습이 보였다. 대원들의 마음은 벌써 현장에 도착해 있었다. 현장에 도착하니 화물차 짐칸에 있는 폐목재에서 불이 타고 있었다. 소방차를 갓길에 주차시키고 일부 대원은 2차 사고 예방을 위하여 고속의 차량들을 통제하였다.

다른 대원들은 소방호스를 펼치고 소화 작업에 임했다. 소방호스에서 고압의 물줄기가 뿜어져 나오자 꺼지지 않을 것 같았던 불이 사그라져 들었다.

불씨가 없도록 차량의 구석구석 잔불까지 확인하고 화재 작업을 마쳤다.

화재조사자가 운전자에게 여러 가지 질문을 시작하였다.

운전자의 말에 의하면 고속도로를 달리는데 다른 운전자들이 짐칸에서 불이 보인다고 알려주어 비상등을 켜고 갓길에 차를 세웠다고 했다.

혼자서는 불을 끌 수 없어서 119에 신고를 했다고 했다.

불이 왜 났는지는 자신도 알 수 없다고 말했다.

화재조사에서 불에 탄 목재 중 탄화심도가 가장 큰 곳을 발화점으로 보고 화재조사에 임했다. 탄화심도란 목재가 불에 탈 때 목재 내부가 깊게 탄 깊이를 말하는데 온도가 높을수록 탄화심도는 깊어질 수밖에 없는 것이다.

"기사 아저씨, 혹시, 담배 피우시나요?" 화재조사자가 말했다.

"예…? 피웁니다만." 의아한 표정을 지으며 운전수가 말했다.

"그럼, 최근 담배 피운 지 얼마나 됐나요!" 화재조사자의 질문에

"음…! 서너 시간 된 것 같습니다." 머뭇거리면서 운전자가 말했다.

"운전하면서 피우셨나요?" 화재조사자가 재차 물었다.

"예! 그렇습니다."

운전자의 말을 뒤로하고 화재조사자는 운전석에 가보았다.

그리곤 운전석에 있는 담배 재떨이를 보았다. 최근 피운 것 같은 담배꽁

초는 보이질 않았다. 오래전에 피운 누렇고 퇴색된 담배꽁초가 수북이 쌓여 있었다. 최근 담배꽁초라면 꽁초가 깨끗해야 하질 않은가. 그러나 재떨이에 최근 피운 담배꽁초는 없었다.

화재통계 의하면 매년 4만 건을 중심으로 화재가 발생한다.

화재원인 중에서 부주의가 51% 이상으로 1위를 차지하고 부주의 중에서도 담배 불씨가 매년 6천 건으로 1위의 화재를 발생시키고 있다.

"담배 피우시고 꽁초는 어디에 버렸습니까?" 화재조사자의 질문에 운전자는 당황스러운 표정을 지으며 침묵하고 있었다.

화재원인은 이러했다. 달리는 차에서 운전자는 담배를 피웠고, 불씨가 있는 담배꽁초를 무심코 창밖으로 버렸고, 담배꽁초는 달리는 차의 바람에 의해 뒤쪽 짐칸에 떨어졌고, 시간이 지나면서 발화되어 화재로 이어진 것으로 잠정 결론을 내었다.

6

"앞차가 졸면, 빵! 빵!"

그날 고속도로에서의 차량사고가 아픈 추억으로 되살아났다.

더 관심을 갖고 세밀하게 확인했더라면 하는 아쉬움과 아픔이 크게 다가왔다.

엔진에서 불이 타오르고 있었고 일부의 운전자들이 소화기로 불을 끄고 있었다. 나는 운전석으로 가서 문을 열었다. 그러나 열리지 않았다. 투명하게 보이는 유리로 운전석을 보았다. 그러나 운전석에 운전자는 없었다. 충돌 때 작동되어야 하는 에어백도 작동되지 않았는지 보이지 않았다.

뭐가 잘못된 것일까, 내게 문제가 있는가, 생각해 봐도 이해가 가질 않았다. 유리창을 깨서라도 확인했어야 하는 아쉬움이 남는다.

그 사건 이후 많은 시간이 지났다. 머릿속에서 사라져 갈 때 휴대하고 있는 전화기 벨이 울렸다. ○○경찰서 교통계 누구라고 성명을 알려준다.

무슨 일이냐고 묻자 이전 고속도로에서의 차량화재에 대하여 물어볼 게 있다고 한다.

"어떻게 내 전화번호를 알았습니까?" 경찰관에게 물었다.

"예… 당시, 화재신고자 선생님 전화번호를 소방서를 통해 알아보았습니다."라고 경찰관이 말했다.

운전 중인 자동차가 차선을 벗어나면서 지그재그 운전을 한 것과 자동차에서 불이 났고 소화기로 소화한 것 등 당시 상황을 있는 그대로 설명해 주었다.

"운전자는 어떻게 됐어요?" 궁금하여 경찰관에게 물었다.

"죽었습니다."

"예!… 죽다니요, 어디서요?"

경찰관의 말에 의하면 운전자는 직장에서 회식을 하였고 먼 거리를 음주운전으로 오다가 고속도로 안전막과 충돌하고 운전자 본인은 운전석과 페달 사이의 공간으로 밀려 들어갔고 그곳에서 시신으로 발견되었다고 했다.

"세상에… 이런 일이!!"

경찰관의 얘기를 들으면서 안타까웠고 모든 것이 나의 불찰 같았다.

빵! 빵! 클랙슨만 눌렀어도, 112 음주신고만 했어도, 창문을 깨고 자세히 확인만 했어도… 모든 것들이 아쉬움으로 남는 그날의 화재였다.

눈 내리는 날

하늘은 금세라도 눈송이가 내릴 것 같은 날씨다.

밤새 바람이 불어 방안의 창문이 흔들려 뒤척여서 잠을 설쳤는지 몸은 찌뿌드드하고 유난히 오늘 아침 출근길은 차량 혼잡으로 인하여 앞으로 나가질 못한다.

도로의 큰 사거리 신호등에 자동차 직진 신호인 파란불이 들어왔다. 앞으로 진입하려 해도 앞차는 꼼짝도 하질 않는다. 잠시 후 정지신호인 빨간불이 신호등에 들어왔다. 앞차가 서서히 움직이다가 다시 섰다. 그리고는 꼼짝도 하질 않는다. 이러한 일을 서너 번 반복해야 저기 마의 사거리를 통과할 것이다.

하늘에서 눈은 내리질 않고 육체의 눈동자만 신호등의 빨간불을 응시하고 있다.

만물의 영장이며 모든 것을 지배한다는 사람이 하찮은 기구에 지나지 않는 신호등에 따라 행동한다는 생각에 입가에는 웃음이 새어 나온다.

그렇다. 불에는 해로운 불과 유익한 불이 있다. 신호등은 분명 유익한 것이다.

저 신호등이 없다면 자동차의 주행질서는 무너지고 도로는 주차장화될 수 있으며, 사람들은 서로 먼저 가려고 양심과 사회질서가 실종될 수 있지 않은가!

4일 전 서창동 가구공장 밀집지대 화재는 해로운 불이었다.

눈발이 날리던 오후 3시경, 우리 출동대가 맨 처음 현장에 도착했을 때 불은 가건물인 가구공장 전체를 맴돌고 있었고, 화염의 일부는 옆 건물을 향하여 연소하기 시작하였다. 주변의 주민들은 어찌할 줄 몰라 발을 동동 구르고 있었고, 우리를 보자 마치 죽음을 앞둔 환자가 삶의 애착을 위하여 의사를 만나 몸부림치는 상황이었다.

먼저 해야 할 일이 떠올랐다. 인명구조가 우선이다. 이것은 소방관으로 생활해오면서 교육과 경험으로 터득한 것이며, 화재진압전술에서의 제일 원칙이기도 하였다. 주위에 몰려있는 사람들에게 안에 사람이 있는지를 물어본즉, 모두 건물에서 빠져나왔다는 것이었다. 참으로 다행한 일이었다. 우리는 즉시 1개조는 소방차에 적재되어 있는 수관(소방호스)을 연결하여 불이 옮겨붙는 건물로 진입했고 다른 조는 소방차량 위에 설치된 방수포를 이용하여 발화장소로 추정되는 건물에 대량의 물을 방사하기 시작했다. 물은 냉각 효과가 뛰어나기 때문에 일반적인 화재에는 우수하다. 불이 번지는 것을 막기 위하여 일부 연소 중인 건물에 진입하는 것은 제2의 피해를 막기 위한 화재진압전술에서의 행동요령이었다. 도착 후 20여 분이 지날 즈음 불은 어느 정도 숨을 죽였고, 최초의 발화장소로 추정되는 건물은 완전히 전소하여 형체를 알아볼 수가 없었다. 남은 것이란 아무것도 없고 시커먼 숯덩어리뿐….

다행히도 옆 건물은 일부만 타다가 소화되었다. 이번 출동은 인명피해는 없었고 가건물 1개동 전소가 전부였다. 이것만으로 만족해야만 했다.

우리는 잔화정리 및 인명검색에 들어갔다. 이러한 활동은 화재현장에서의 마지막 단계로 화재의 재발방지와 하나라도 사람의 목숨과 시신을 찾기 위한 행동으로 소방관들에게는 허탈감과 긴장감이 교차하는 시간이기도 하다.

잔화정리 중 나는 발화원으로 추정되는 석유난로가 쓰러져 있음을 발견했다. 난로는 화열에 의해 휘어져 있었고, 형체마저 변형되어있었다.

화기취급 부주의가 한순간에 이토록 처참하게 만들 것이라고 누가 상상이나 해 보았을까? 씁쓸함을 달래고 있을 때 얼굴이 검고 초췌한 모습의 건물주인으로 보이는 사람이 내 앞에 다가왔다.

그는 삶의 모든 것을 포기한 듯 축 늘어진 두 어깨를 하고 두꺼운 입술을 무겁게 열었다.

"모든 것을 여기에다 걸었지요…."라고 시작되는 그의 목소리는 두려움과 떨림으로 시작하여 말문을 열었다. 그는 어린 나이에 가난한 시골에서 도시로 와 기술을 배울 작심으로 가구공장에 들어갔으며, 어렵고 힘든 공장일을 참고 이겨내며 열심히 일했다. 그럼에도 불구하고 어느 날 공장은 부도가 났고, 그는 20여 년을 다니던 직장을 그만두어야만 했다. 나이도 있고 해서 자기 사업 쪽으로 마음을 정하고 자신의 전 재산과 일부는 돈을 빌려가며 다른 사람의 땅에다가 가건물을 짓고 가구공장을 개업했다. 공장문을 열고 모든 것이 차츰 정리되려는데 두 달 만에 화재가 발생했다는 것이다.

화재 당일은 석유난로에 기름이 떨어져 기름을 넣고 식사 후 돌아와 보니, 불은 이미 천막으로 된 벽에서 천장으로 옮겨붙고 있었고, 혼자서는 불을 끌 수 없을 지경까지 됐다는 것이다. 후에 화재원인 조사에서 석유난로에 기름을 주입하고 흘린 기름에 불이 붙으면서 주위 톱밥으로 연소되어 화재가 발생하였음을 잠정 결론 내렸다.

　화기취급 시에는 항상 사람이 상주하고 소화기 등 화재진압기구를 비치하며, 화기주변에는 불에 탈 수 있는 가연물이 없도록 해야 함은 물론, 사람이 부재 시에는 완전소화 확인 후 이석하는 것이 이번 화재에서의 경험이었다.

　참으로 안타까운 일이었다. 열심히 살아왔으며, 앞으로도 열심히 살아갈 사람에게 이런 시련이 온다는 것은 더욱더 가슴이 아픈 것이다. 화재로 인한 피해는 한 개인과 가정의 피해는 물론 크게는 사회와 국가의 재산 손실이다.

　그래서 불조심 생활화를 위하여 정부에서는 매년 11월을 전국적으로 불조심 강조의 달로 선포하질 않는가!

　어둠으로 가득 찬 그의 얼굴을 보면서 용기를 잃지 말라는 위로의 말과 함께 대한적십자에서 구호품을 지급할 수 있다는 것과 화재손실에 대한 국세법 및 지방세법 지원제도 등 화재복구 요령을 설명하고 다음 출동대비를 위하여 철수해야만 했다.

　앞차가 서서히 움직인다. 이번엔 반드시 저기 마의 사거리를 통과하여야만 한다.

　도로의 교통체증으로 내 뒤로 밀려있는 많은 차량과 출근 지각 방지를 위해서 달려야만 한다.

　기어 변속기에 2단의 기어를 넣고 액셀레이터에 힘을 주었다. 그 짧은 신호등 불이 유난히 짧게 느껴진다.

　하늘에서 함박눈이 내린다. 이제 차는 한가로운 시내 길을 달리고 있다.

5분 먼저 가려다가 50년 먼저 간다는 TV 광고방송이 생각난다. 눈길에서 과속은 위험성이 배로 증가한다고 하질 않던가!

급할수록 돌아가라는 옛사람들의 말씀은 안전문화를 일찍이 생활에서 터득한 우리 조상들의 지혜로 볼 수 있다. 화재와 교통사고는 귀중한 사람의 목숨과 재산에 피해를 발생시킨다는 점에서 같다. 가속 페달을 밟고 있는 발에서 힘이 빠진다.

도로에는 하얀 눈송이가 내리면서 녹고 있다.

사무실은 언제나 그렇듯이 전일 근무자와의 교대가 이루어지고 있다.

외근 소방관들은 24시간 격일제 근무를 원칙으로 하기 때문에 전일 근무자와의 업무 인수인계가 아침마다 실시된다.

"수고하세요!"

소방에 입문한 지 2년 차에 드는 후배 직원의 퇴근 인사를 뒤로하고 일과에 들어간다. 창문 너머 도로에는 여전히 함박눈이 내린다. 도로 위의 눈 녹은 물이 자동차가 내뿜는 매연과 뒤섞여 검은 흙탕물로 변한다. 도로의 가장자리에 녹지 않고 쌓인 눈으로 어린 꼬마들은 즐거워하며 눈 놀이를 즐기고 있다.

오늘은 화재출동 없이 무사히 넘어가길 바랄 뿐이다. 그 누군가의 행복을 위하여….

오후에 들어서면서 내리던 눈은 멈추었다. 간혹 따스한 햇살이 비치기도 한다.

일과를 마감하고 휴식에 들어가려던 늦은 오후.

"화재출동! 간석동 ○○빌라 ○동 ○호, 주택 화재출동!"

지령앰프에서 나오는 화재출동지령은 평소 긴장하면서 생활하는 내게 더욱더 긴장감을 불러일으킨다. 항상 그렇듯이 내 몸은 어느새 출동 차량에 승석하여 있었고 빠른 손놀림은 방수복과 공기호흡기 착용 등 개인 안전장구에 철저를 기하고 있었다.

출동 중 일부 도로는 얼음이 얼어 차량들이 가고 서기를 반복한다. 경광등과 사이렌을 울리면서 달리는 소방차에게 피양해 주면 얼마나 좋을까. 화재출동이라는 앰프방송을 해 보지만 도로의 여건으로 좀처럼 신속출동은 기대하기 어렵다.

지름길로 우회하여 화재현장에 도착했다. 2층 창문에서 연기가 새어 나왔다. 현관으로 진입하려 하자 두꺼운 철문이 앞을 가로막는다. 파괴하자니 시간이 지연될 것 같다. 사다리를 이용하여 외부 창문으로 진입한다. 실내에서 불은 보이질 않고 연기만이 가득했다. 연기를 배출하기 위해서 현관문 쪽으로 이동하려 할 때 발에 무엇인가 걸림이 느껴졌다. 랜턴을 비췄다. 사람이었다. 연기 속에서 흐릿하게 보이는 것은 20대 후반의 여자였다. 신속히 밖으로 옮기어 의식상태를 확인한 바 호흡이 살아있음이 느껴졌다. 즉시, 구급대원에게 인계 후, 또 다른 생존자가 있을까 염려되어 다시 화재현장으로 달려갔을 때 주방 쪽의 불은 대원들에 의하여 진화되었다. 잔불정리와 인명검색에 들어갔으나 더 이상의 피해는 발견되질 않았다. 건물의 피해는 주방 일부만이 소실되었다. 이번 화재는 피해액이 크질 않아서 다행이다. 병원으로 이송된 여자도 하루 만에 퇴원했다는 소식을 후에 들었다. 연기에 질식되기 전 발견되었기에 가능했으리라….

  자그마한 방심과 순간의 부주의가 삶이 치유될 수 없을 정도의 상황으로 번지게 하는 것이 화재라 생각할 때 우리 생활에서 안전의식이 최고의 소방관이 아닐까 생각해 본다.

  사무실로 돌아온 후 소방호스와 각종 장비에 대해 세척과 정비, 점검을 실시한다. 이것은 다음 화재 발생에 대비하고자 통상적으로 행하는 일이며, 자신의 안전을 지키는 동시에 다양한 화재형태에서의 적응능력을 위해서도 필요한 것이다. 잠시 후 지령앰프에서 요란한 벨소리와 음성이 들려왔다. 순간, 몸이 수축됨을 느낀다.

"방송 시험 중입니다. 감도 확인 여부 바람."

하늘에는 여전히 눈발이 날리고 있었다.

막장에서의 혈투

"**태**극하나! 태극하나! 여기 국화인데 상황을 보고하기 바람!"
"… 지하… 지하3층… 지하…!"

무전기에서 흘러나오는 다급한 목소리가 간간이 끊겼다 이어지기를 반복하다가 침묵이 흘렀다. 지휘팀장이 다급하게 선착대장인 태극하나를 무전기로 불렀다. "태극하나! 태극하나! 천천히 재송신 하기바람!" "…" "태극하나! … " "여! 여…기…" 태극하나는 화재현장에 먼저 도착한 대장을 찾는 부호였다. 선착대장이 갖고 있던 무전기에서 간간이 흘러나오던 목소리가 끊기고 이어지기를 반복했던 것이다. 무전기에서 가냘프게 흘러나오던 목소리는 결국 긴 침묵에 들어갔다. 오랜 현장 경험으로 익숙한 최 팀장의 머릿속에 무언가 불길함이 스치고 지나갔다.

"각 출동대 및 대원들 집중하기 바람! 지금부터 신속히 소속대원들의 인원파악 후 즉시 보고하기 바람!"

잠시 후 선착대장인 김 반장이 보이지 않는다는 보고가 들어왔다. 불길한 예상이 현실로 되는 순간이었다. 화재현장에 처음 도착한 선착대장인 김 반장이 지하 3층 화재현장에서 화재진압 중 공기호흡기 교체를 위해서 다른 대원들과 나왔는데 김 반장이 보이질 않는다는 후배 동료대원의 말이었다. 탈출하던 중 출구를 찾지 못하고 고립되었을 것이란 생각이 들자 마음이 급해졌다. 최 팀장은 손아귀에 쥐어져 있는 휴대용 무전기에 힘을 주고 외쳤다.

"전 대원들! 신속히 지하 3층 인명검색! 검색! 실시 바람!"

찬 기운이 도심의 외곽을 감싸는 저녁 무렵, 마지막 가을을 아쉬워하듯 상큼한 바람이 코끝을 스치고 지나갔다. 거리는 떨어진 이름 모를 나뭇잎이 미풍에 뒹굴고 있었다. 그 낙엽을 밟으며 옷깃을 올려 입은 중년의 남자가 걷고 있다.

지하철역까지는 거리가 꽤 있는 편이고 늘 오가던 길임에도 오늘 퇴근길은 평소보다 잡다한 생각이 머릿속을 헤집는 이 과장이었다.

"따르릉! 따르릉!"

주머니 속 깊숙한 곳에 자리 잡은 휴대전화기에서 소리가 요란하게 울렸다.

"저, 최 팀장입니다. 여기 화재현장인데 김 반장이 보이질 않습니다! 빨리 오셔야 될 것 같습니다!"

보이질 않는다는 것은 실종을 의미하는 것이었다. 순간, 머릿속에서 잡다한 생각들이 순식간에 사라지고 오로지 화재현장의 그림이 그것을 대신해 채워졌다.

발길을 돌려 화재현장으로 가야만 했다. 하지만 안전장비를 착용하기 위해 사무실로 되돌아가야만 했기에 뛰다 걷기를 반복하여 사무실에 도착, 방화복 등 개인장구를 갖추고 청사에서 대기하고 있던 차량을 이용하여 화재현장으로 향했다.

그간의 화재나 재난현장에서 다른 부서의 동료가 불미스러운 일이 발생한 것을 많이 봐왔고 들어왔지만 이 과장과 같이 근무하는 동료가 사고가 났다는 것, 그것도 화재현장에서의 실종이란 이해할 수 없는 커다란 충격이었다.

화재현장 상황이 어떠하였는지, 왜 혼자만 실종이 되었는지, 붕괴로 인한 것인지, 왜 실종자를 찾지 못하는지 등 여러 궁금증이 현장으로 달려가는 마음을 조급하게 만들고 있었다.

화재현장 주변에는 많은 소방차와 구조차량 등이 즐비하게 서 있었고 그 차량들의 요란한 엔진소리와 소방차 위의 붉은 경광등이 빛을 발하고 있었다.

5층으로 된 건물의 각 창문에서 검은 연기가 꾸역꾸역 뿜어져 나오고 있었고 여기저기 분주하게 움직이는 소방대원들이 보였다.

멀리서 최 팀장의 모습이 보였다.

그의 모습은 맹수에게 일격을 당해 모든 것을 포기하고 늘어져 있는 초식동물의 모습과 유사하였다. 이 과장은 최 팀장에게 간단하게 상황을 듣고는 선착대장 김 반장이 처음 들어간 입구 쪽으로 향했다.

거기엔 아직도 김 반장이 동료들과 함께 끌고 들어간 소방호스가 지하를 향해 펼쳐져 있었다. 이 과장은 공기호흡기를 착용하고 그가 들어간 길을 따라 들어갔다. 지하 1층을 내려가자 사방이 캄캄하고 아무것도 보이질 않았다. 검은 연기와 후끈한 열기가 이 과장의 안면을 보호하는 공기호흡기 면체를 강타했다. 화재가 지하 3층에서 발생했으니 두 개 층을 더 내려가야만 했다. 처음 들어간 대원들의 고통을 실감할 수 있었다.

한 치 앞이 보이지 않은 계단을 더듬어 내려가자니 두려움이 슬금슬금 고개를 들기 시작했다. 두려움과의 싸움에서 지는 순간 완전히 패닉 상태에 빠져 이성을 잃을 수 있다는 것을, 셀 수 없는 화재현장에서 경험한 이 과장이었다. 긴장을 최고로 끌어 올리고 몸의 모든 감각 기관을 동원하면서 발의 촉감에 의지한 채 계단을 한발 한발 더듬거리며 내려갔다. 소방호스를 잡은 장갑 속 손에는 땀이 촉촉이 배어 나오고 있었다. 지금 잡고 있는 소방호스를 손에서 놓치는 순간, 고립될 것이며 위험에 빠질 수 있다. 이런 상황에서 소방호스는 생명 줄이나 다름없었다. 들어오고 나갈 때 방향을 소방호스에 의지해야만 했다. 구조대가 라이트 라인 불빛 선을 화재현장까지 연결하였지만 워낙 농연 속이라 희미하게 보일락 말락 하였다. 계단이 굴뚝 역할을 하기 때문에 검은 연기는 진입을 거부라도 하듯이 위를 향하여 거침없이 뿜어져 나오고 있었다. 손에 있는 휴대용 랜턴을 비추었지만 검은 농연으로 인해 앞은 보이지 않았다. 좀 더 자세를 낮추며 한참을 내려가자 소방호스의 끝인 관창이 손에 잡혔다. 탄광의 막장에 온 것 같은 느낌이 들었다. 분명 김 반장은 이 관창을 잡았을 것이다. 그럼 이 근처 어딘가에 있으리라 생각하면서 얼굴을 감싸고 있는 공기호흡기 면체 속에서 크게 외쳤다.

"김 반장! … 김 반장! …"

절박한 외침에도 불구하고 응답이 없었다. 혹시 쓰러져 있나 하는 생각이 들어 관창을 중심으로 한쪽 손으로 바닥을 쓸기라도 하듯이 더듬어 보았다. 그러나 잡히는 것은 작은 물질조각들만이 손끝에 전해져 올 뿐이었다.
누군가 이 과장의 외침을 들었는지 짙은 연기 속에서 희미한 불빛이 다가왔다.

"김 반장!"

그러나 인명검색을 하려고 먼저 들어온 구조대원이었고 이곳은 인명검색이 끝났다고 알려 주었다. 그렇다면 소방호스를 놔두고 어디로 갔단 말인가!

화재건물 앞 공터에 현장지휘소 텐트가 설치되었다.
텐트 안에는 긴 책상과 의자가 설치되어 책상 앞에는 잡다한 서류 등이 놓여있었다. 책상 앞 가운데에 통제단원들의 임무를 알리는 표지가 투명한 유리에 끼워져 빛을 발하고 있었다. 임무가 새겨진 조끼를 입은 통제단원들이 각자 주어진 책임을 수행하느라 분주하게 움직이고 있었다. 더욱이 직원인 소방대원이 실종되었다는 소식이 알려지면서 침울함과 안타까움으로 가라앉은 분위기는 통제단원들을 긴장되고 엄숙하게 만들었다. 비상소집으로 인하여 여러 소방서의 구조대원들이 속속 화재현장으로 모여들기 시작했다. 현장지휘소에서 먼저 도착한 구조대별로 건물 지하 3층의 평면도면을 보면서 진입 위치를 알려 주었다. 개인들의 안전장구 확인과 대원안전에 최우선 할 것을 거듭 당부하고 인명구조 검색에 임해 달라고 당부했다. 많은 시간이 흘렀지만 무전기에선 김 반장을 찾았다는 소식은 들려오지 않았다. 이 과장은 자신의 무기력함에 모든 걸 포기 하고 싶었다. 그렇다고 포기할 수 있는 상황도 아니었다. 오늘 아침 출근 때 보았던 동료가 아니던가!

축구장 크기의 지하 내부는 농연과 열기로 앞을 볼 수 없었고, 구조물들도 설치되어 있었다. 이러한 악조건에서 사람을 찾는다는 건 여간 어려운 일이 아니었다.

더욱 걱정되는 것은 제2의 인명사고 발생 우려였다. 이러한 열악한 조건의 화재현장에서는 언제든지 제2, 제3의 사고가 발생할 수 있다는 것을 경험으로 아는 이 과장이었다.

지하 3층 물품을 실어 나르던 출입구에는 나중에 출동한 소방대에 의해 설치된 여러 대의 배풍기가 검은 연기를 쉬지 않고 밖으로 뿜어내고 있었다. 화재현장에서 많은 연기를 접하고 보아왔지만 이번처럼 연기가 원망스러운 적이 없었다. 답답한 마음에 현장 상황을 직접 보기 위해 지하로 다시 내려갔다. 처음보다는 연기의 농도가 연해졌지만 지하란 특성과 아직도 연소 중인 물질 때문인지 연기는 아직도 앞을 볼 수 없을 정도로 시야에 장애를 주고 있었다. 짙은 연기 속에서도 불꽃이 여기저기서 목격되었고 불을 향하여 물을 방사하고 있는 진압대원들도 간간이 보였다. 인명검색과 화재진화를 동시에 행하는 어려운 작업이었다. 그것도 깊은 지하에서의 활동은 여간 어려운 것이 아니었다. 피해 발생이 염려되어 손에 쥐고 있던 무전기로 대원들의 안전을 위해 조심하여 줄 것을 다시 강조하고 혼자서 행동하지 말 것을 알렸다.

지하 천장을 향하여 랜턴을 비추었다. 화재에 소실되어 흉물스럽게 골격

만 유지한 채 작동이 멈춰 있는 배연 설비가 보였다. 저것이 화재로 타지 않았다면 연기는 자동배출되었을 것이다. 화재 초기 상황을 알 수 있는 단서인 것이다.

입고 있는 방화복에 뜨거운 물줄기가 피부로 전달되어 오는 것을 느꼈다.

"앗! 뜨거!"

외마디 외침과 동시에 몸을 옆으로 피했다.

천장에 설치된 스프링클러 배관이 열기로 뜨거워졌고 배관 속에 있는 물이 데워져 있었는데 그 뜨거운 물줄기가 스프링클러 헤드가 터지면서 쏟아져 몸에 닿은 것이다.

스프링클러 헤드 작동을 중지하기 위해 밸브실을 찾아야만 했다. 건물의 시설관계자를 통해 밸브실 위치를 파악하고 대원들에게 밸브 폐쇄 지시를 했다.

그렇게 정신없이 현장을 뛰고 있는 동안 기다리던 휴대용 무전기에서 김 반장을 찾았다는 소식이 들려왔다.

정신없이 발견 장소로 달려갔을 때는 김 반장은 구조되어 구급대원들이 심폐소생술을 행하고 있었다. 암흑의 지하 한 모퉁이에서 쓰러져있는 김 반장을 구조대원이 발견하였던 것이다. 그것도 처음 들어간 곳과 멀리 떨어진 장소에서였다.

셀 수 없이 가슴을 눌러대는 구급대원의 노력에도 불구하고 김 반장의 의식은 깨어날 줄 몰랐다.

앵~! 앵~! 김 반장을 실은 구급차는 신속히 화재현장을 벗어났다. 병원을 향해 멀리 사라지는 구급차의 뒤를 이 과장은 영혼이 나간 사람처럼 멍하니 쳐다보고 있었다. 그리곤 혼잣말로 중얼거렸다.

"제발 살아만 주시오."

호사다마(好事多魔)

초복이 지난 지 얼마 되지 않았다. 장마철이건만 비는 내릴 둥 말 둥 하늘은 먹구름으로 덮여있고 날씨는 후덥지근 불쾌하기만 하다. 이런 날에는 괜히 우울하고 젖은 옷을 입고 있는 느낌이다.

"도서관에 가볼까!"

허태는 혼자 넋두리하면서도 행동으로 옮기질 못한다. 대학을 졸업하고 공무원시험도 여러 차례 치렀지만 매번 낙방했다. 얼마 전 시험을 잘 보긴 했어도 그동안의 마음고생으로 괜히 위축되어 있다. 시험이 끝나고부터 하는 일 없이 텔레비전 앞에서 시간을 보내고 있다. 내일이 공무원시험 합격자 발표일이라 마음은 더욱 조급하여지고 가슴은 답답하기만 하다. 무작정 어디론가 떠나고 싶은 충동이 느껴진다.

그렇다고 멀리 떠날 수 있는 여건도 아니다. 생계를 위해 아침 일찍 식당 문을 열고 밤늦게까지 고생하시는 부모님을 생각하면 엄두도 낼 수 없는 것이다. 그래서 먼 여행은 생각에 머물러 있을 뿐, 실행하지 못하고 있다. 취직되면 꼭 실천하리라 마음을 고쳐먹는다.

"등산이나 갈까!"

답답한 마음을 벗어내기라도 하듯이 허태는 가벼운 옷으로 갈아입고 자신의 조그만 아파트 문을 나섰다. 도서관으로 간다고 했던 중얼거림도 잊은 채 등산하기로 한 것이다.

거리는 오전임에도 날씨에 어울리지 않게 사람들의 오가는 모습이 활기차게 느껴졌다. 다른 사람들은 저마다 바쁘게 움직이며 살아가는 모습에 허태 자신이 왠지 초라해지는 느낌이 들었다. 그나마 활력을 찾기 위해 산으로 등산하길 잘했고 자신의 그 결정이 옳았다고 생각하자 한결 발걸음이 가벼워진다.

버스정류장에는 몇몇 사람들이 목적지로 향할 버스를 기다리고 있다. 허태도 버스가 오는지 유심히 쳐다보고 있다. 많은 버스가 정류장을 스치고 지나갔다. 하지만 허태가 기다리는 버스는 좀처럼 오질 않는다.

오랜 기다림에 은근히 짜증이 나기 시작했다. 마침 바닥에 떨어져 있는 조그만 깡통 하나가 눈에 띈다. 누군가 먹고 버린, 양철로 만들어진 음료수 깡통이다. 화풀이라도 하듯이 이유 없는 깡통을 향해 발로 힘껏 걷어찬다. 데굴데굴 넓은 도로 위를 아픈 소리를 내며 깡통이 굴러간다.

마치 허태를 원망이나 하듯이 소리를 지르면서 깡통은 가로수의 턱 아래에 멈추어 섰다. 깡통의 아픈 비명소리를 버스가 들었는지 곧이어서 기다리던 버스가 다가와 섰다.

무언가 불만에 찬 모습으로 버스로 올라 좌석에 앉는다. 흔들리는 버스는 매캐한 연기를 뿜어내며 몇몇 승객을 태운 채 한적한 도로를 질주하고 있었다.

허태의 집에서 차로 십여 분 거리에 있는 나지막한 산은, 지역주민들이 즐겨 찾는 곳이다. 지역주민들이 좋아하는 이유는 적당한 경사와 평지가 어우러져 있어 편하게 등산하기에 적합하다. 그래서 인근 주민은 물론 먼 거리에 사는 사람들도 즐겨 찾아오곤 한다. 등산로의 양쪽에는 오래된 나무들이 자연림으로 형성되어 숲을 이루고 있고 각종의 새들과 희귀한 식물들, 그리고 포유류 동물들도 종종 발견되곤 하는 도심 속에서 보기 드문 자연 공간이었다.

한 걸음 한 걸음 산 정상을 향해 오르건만, 오를 때마다 뜨거운 열기가 허태의 입에서 뿜어져 나온다. 가슴 깊숙이 움막 짓고 있던 외로움과 답답함이 한꺼번에 뜨거운 기운과 함께 토해내고 있다.

누군가 산에 오르는 것을 우리네 인생과 같다고 하질 않았나, 한 걸음 한 걸음 향하다 보면 정상에 오를 것이고 그 과정이 우리네 삶과 비슷한 여정이라고. 그래서 많은 사람들이 등산을 즐기는 것이 아닐까 하며 갑자기 사색에 빠지기도 한다.

어느 정도 산에 올랐을 때였다.

-끼이악…! 끼이악…!

가까이에서 들려오는 이상한 소리에 잠시 발걸음을 멈추었다.

-끼이악…! 끼이악…!

처음 들어보는 희기한 소리에 호기심이 발동했다.

조심조심 소리 나는 쪽을 향해 낮은 자세로 살금살금 기어서 갔다. 등산로 옆, 사람의 발길이 닿지 않은 숲속에서 들리는 소리였다.

-끼이악…!

가까이 다가갈수록 그 소리는 점점 크게 들려왔다. 더욱더 소리에 대한 궁금증이 생기자 지쳐있던 몸에 긴장감이 들기 시작했다. 조심조심 손을 뻗어 우거진 풀을 헤치며 앞으로 향했다.
 몇 걸음을 더 걸었을 때 붉은색의 머리와 검은 아랫배, 잿빛의 몸을 가진 새가 보였다. 새를 향해 살금살금 다가갔다.
 몸을 다쳤는지 아니면 길을 잃었는지 알 수는 없지만 움직이지 않고 그 자리에서 울고 있다. 귀엽고 처음 보는 희귀한 새였다.
 새의 종류와 이름에 대해서 전혀 아는 것이 없는 허태에게 신비함과 궁금증은 더욱 크기만 했다. 살금살금 몸을 낮추고 새가 있는 쪽으로 몇 걸음 다가서 잽싸게 잡으려 하자 총총걸음으로 도망을 간다. 그리곤 멀지 않은 곳에서 섰다. 순간, '쉽게 잡을 수 있겠구나'하는 생각이 머릿속을 스치고 지나간다.
 새를 잡아 집에서 키우겠다는 생각이 앞서자 벌써 마음은 새의 주인이 되어 있었다. 다시 낮은 자세로 새를 향하여 발길을 옮긴다.
 멀리 도망가지 않으면서 자기를 향해 다가오는 허태를 이상하다는 듯 새가 응시하고 있다. 와서 잡아보라는 요량이다. 조심스럽게 새를 향하던 허태의 몸은 어느새 손만 뻗으면 새를 덮칠 수 있는 거리까지 와 있다. 그래도 새는 계속해서 허태를 향해 응시하고 있다.

'요놈을 어떻게 잡을까!'

허태의 고민이 시작되었다. 지금 허태에겐 새를 잡을 수 있는 아무런 도구가 없다. 그저 지쳐있는 몸이 무기요, 도구인 것이다.

'그래! 손으로 한 번에 낚아채는 거야…!'

이렇게 마음을 먹자 허태의 몸에 기운이 솟구치며 날아갈 듯 몸이 가벼워짐이 느껴졌다. 이때, 새가 고개를 돌리는 순간, 허태의 손아귀가 숲속의 풀들과 잡초를 가르며 잽싸게 새를 덮쳤다. 가느다란 비명소리를 낼 틈도 없이 어느새 새는 허태의 손에 잡혔다.
새의 따스한 온기가 허태의 손바닥에 전달되었다. 하고자 하는 것에 대한 목표를 이루었다는 성취감과 만족감에 기쁨을 만끽하는 순간이다.

'그런데, 무슨 종류의 새일까?'

새를 잡았다는 기쁨에 이어 새로운 궁금증이 다가왔다. 그리곤, '천천히 알아보면 되지'하고 하면서 가벼운 마음으로 집으로 향했다.
상쾌한 기분으로 집으로 돌아온 오후. 허태의 아파트 베란다 한쪽 구석에는 작은 상자가 만들어져 있다. 사각 모양의 골판지로 만들어져 있는 상자에 먹이를 넣어 줄 수 있는 작은 구멍을 뚫었고 공기통도 만들어 그럴듯한 새장을 만들어 새를 가둬 놓았다.
그러나 새로운 고민거리가 생겼다. 새의 먹이가 문제였다. 무엇을 먹여야 할지 막연했고 새에 대한 지식이 전혀 없는 터라 여간 고민이 아닌 것이다.

할 수 없이 밥통에서 몇 개의 밥알을 꺼내 정성스럽게 새의 주둥이에 넣어 주려 하지만 새는 전혀 관심이 없다. 오히려 새로운 환경에 대한 공포심만 더하는 것 같았다.

"괜히 잡아왔나!"

혼자 투덜거리며 잡아 온 것에 대한 후회가 슬며시 고개를 든다. "이젠 어떻게 하지?" "이런 상태라면 멀지 않아 죽을 수도 있을 텐데!" 힘들게 잡아 온 새가 시간이 지나면서 애물단지로 변하는 것이다.

한편, 근처에 위치한 소방서 상황실 수보대에는 근무자의 사고 상황 접수가 바쁘게 움직이고 있었다.

"여보세요! 119죠, 지하차도에서 유치원 차량이 전복되었어요, 빨리 와 주세요."

다급한 여자의 목소리가 상황근무자들을 긴장시키고 있었다.

"차 안에 사람들이 있나요?" "몇 명이나 있나요?" "화재는 발생했나요?"

상황근무자의 차분하면서도 긴박한 목소리가 신고자에게 냉정함을 잃지 않도록 질문을 하고 있었고 동시에 출동지령 버튼을 눌렀다.

"지하차도 구조, 구급출동! 어린이 통학 차량전복사고! 구조, 구급출동!"

지령실 근무자의 급박한 목소리가 앰프를 통해 사고 장소 가까이 위치에 있는 출동센터에 전달되었다.

여러 명의 아이가 위험에 처해 있다는 사고 소식으로 많은 수의 구급차가 출동하였고 교통통제를 위해서 경찰서에도 연락하였다. 상황근무자의 초동조치가 동시에 이루어진 것이다.

사고현장에서는 제2차 사고를 예방하기 위해 구조대원들이 경찰관들이 오기 전까지 교통통제를 하고 안에 갇힌 아이들을 구조하기 시작했다. 이어서 구조대원들에 의해 구조된 아이들은 구급대원들에 의해 부상 정도에 따라 응급조치와 병원이송 그리고 귀가로 나누어 이루어졌다.

다행히도 다수의 아이들이 부상이 경미한 상태였고 많이 다친 아이들은 서너 명에 불과하여 신속히 인근 병원으로 이송하였다. 경상자들은 부모들에게 연락을 취해 부모들과 함께 귀가 조치하는 등의 활동도 동시에 이루어졌다.

긴박했던 시간이 흐르고 119상황실이 점차 안정을 찾아갈 때쯤 상황실 수보대에 전화벨이 울렸다.

"여보세요, 119죠!"

젊은 남자의 목소리에 상황실은 또 한 번 긴장감이 흘렀다.

"예! 119입니다. 무엇을 도와드릴까요."

상황근무자의 사무적인 어투였다.

"제가 새를 한 마리 가지고 있거든요! 등산 가서 잡았는데 희귀한 새 같아서…전화 드렸습니다."
"새를 잡았다구요! 왜, 잡았죠?"

상황근무자가 심문하듯 물었다.

"…그 …그냥, …귀여워서! …"

더듬거리며 허태가 대답했다.

"새는 지금 어디 있어요?"

상황근무자가 다시 물었다.

"집에 있어요. 하지만, 먹지도 않고 어떻게 해야 할지도 몰라서…"
"소방서에서 어떻게 도와 드리면 될까요!"

상황근무자가 짜증스럽다는 듯 말했다.

"글쎄요! … 저도 잘 몰라서 119에 전화한 것이거든요."

허태가 어물쩍 대답했다.

"그러시다면, 새가 처음 있던 곳에다 놓아주세요. 새는 자연으로 돌아가서 사는 것이 제일 좋습니다."

상황근무자가 말했다. 소방서에는 고유 업무인 재난·화재·구조·구급 등 생활구조 이외에도 전화가 많이 온다. 이것은 시민들이 생활 속에서 불편한 것들을 해결해 달라는 다양한 요구이며 이러한 요구들은 그만큼 소방이 시민들과 가까워졌음을 의미한다.

"알겠습니다…."

미안한 느낌을 갖고 허태가 대답하며 전화를 끊었다. 그리고 다시 산으로 향하는 버스에 올랐다. 새를 처음 있던 장소에서 날려 보내기로 마음을 먹었기 때문이다. 한편으로 새를 잠시 가둬 둔 것에 대한 미안한 생각이 든다.

"너를 잠시 가둔 거 미안해! 멀리멀리 날아가서 행복하게 잘 살아라!"

새를 날려 보내면서 섭섭하고 미안한 허태의 순수한 외침이었다.

늦은 오후가 되면서 하늘이 어둑어둑하더니 결국 빗방울이 떨어지기 시작했다. 종일 우울한 날씨더니 결국 비가 내린다.
오랜만의 등산과 새와의 한판 씨름을 해서인지 몸이 나른하면서 허기가 느껴졌다. 뭐라도 먹어야겠다는 생각에 무엇을 먹을까 하다가 부엌 싱크대의 서랍을 열었다. 겹쳐져 있는 라면 몇 개가 눈에 띈다.

"그래, 라면이나 먹자!"

간단하면서도 허기를 빨리 채울 수 있는 것은 라면이 최고라 생각하는 허태다. 그리곤, 급한 마음에 라면을 끓이지 않고 구워 먹는 것도 맛이 괜찮을 것이라 생각하고 가스레인지 위에 생라면을 올려놓고 가스 불을 켰다.

잠시 후, 라면이 타면서 라면에 불이 붙기 시작했다. 순간, 허태는 당황했다. 불붙은 라면을 얼떨결에 얼른 옆에 있는 싱크대에 던졌다. 설상가상으로 이번에는 싱크대 바닥 가운데 부착된 플라스틱으로 만들어진 오물여과기로 불이 옮겨붙기 시작했다.

플라스틱 여과기가 타면서 점도가 있는 불똥들이 목재로 된 싱크대 바닥으로 떨어지면서 목재에 불이 옮겨붙기 시작했다. 이러다가는 큰불로 이어질 수 있는 심각하고 위급한 상태가 될 수 있었다.

불을 꺼야 한다는 생각에 앞서 빨리 119에 신고를 해야겠다고 생각했다. 허태가 다급하게 전화기를 찾아 119에 신고를 했다. 119 상황근무자는 침착하게 허태를 진정시키면서 소방대가 출동하였으니 소방대가 도착하기 전까지 모포나 두꺼운 천에 물을 적셔서 불붙는 곳에 덮어 산소를 차단해 불을 끄도록 알려 주었다. 소방대가 허태의 집에 도착했을 때는 상황근무자가 알려준 대로 허태의 침착한 행동으로 불은 꺼진 상태였다.

누구나 즐겨 먹는 라면에는 동식물성의 기름이 포함되어 만들어져 있기 때문에 불에 쉽게 붙을 수 있는 식품인 것을 이번에 알게 되었고 정말 불이란 무섭고 순간적으로 발생한다는 것을 체험한 것이다.

　우울한 날씨만큼이나 하루 종일 꼬인 마음을 아는지 창밖에는 굵은 빗줄기가 내리고 있다.

　내일은 시험 발표일이다. 허태의 합격을 미리 축하라도 하듯이 좋은 일 앞서 악재가 나타난 하루였다고 자신을 위로했다. 밖에는 허태의 마음을 씻어줄 빗줄기가 힘차게 내린다.

강 반장 화이팅

아침에 아빠로부터 잔소리를 들어서일까, 수업 시간마다 선생님의 수업 강의가 짜증스럽게 들렸다.

기말시험이 끝나고 친구들과 노래방에서 놀다가 늦게 집에 도착하니 아빠가 기다리고 계셨던 것이다.

검고 그을린 얼굴이 붉어져 있었고 목에 난 굵은 핏줄은 더욱더 굵어져 있었다. 흥분된 어조로 아빠의 길고 긴 잔소리가 새벽까지 이어진 것이다. 딸을 사랑하는 아빠의 마음을 모르는 바 아니지만 새벽까지의 훈계는 잔소리를 넘어 고통으로 다가왔다.

"오늘은, 수업 끝나는 대로 일찍 집에 들어오너라!"

아빠의 엄하고 큰 음성이 더욱더 짜증스럽게 들려왔다. 신세대의 마음을 몰라주는 아빠가 밉기도 했지만, 자신도 잘못했다는 생각도 들었다. 세대 차이라 치부해 버리며 학교로 향하였지만 마음은 여간 불편한 것이 아니라서 엉망이다. 그러면서도 아빠의 마음을 이해하는 여리고 착한 순영이다.

하루가 어떻게 지났는지 벌써 해가 기울어 가고 있었다. 재잘거리는 친구들을 뒤로하고 아빠의 말씀을 지키고자 순영은 집으로 향하였다.

평소에는 학교 앞에 있는 버스정류장에서 차를 타지만 오늘은 왠지 우울한 기분이 들어 다음 정류장까지 걸어가기로 했다. 여학생이 늦은 시간에 적막한 장소를 혼자서 걸어간다는 것은 무섭고 위험하다는 것을 순영도 잘 알고 있었다. 그러나 오늘은 그러한 생각이 들지 않았다.

"무슨 일이 있으려구! 다음 정류장에서 타면 되지."

마음을 다지고 걸어가기로 한 것이다.

순영이 다니는 학교로부터 멀지 않은 곳에 119 소방안전센터가 있었다. 소방청사 주변은 그린벨트 지역으로 누군가 정원용 나무들을 심어 놓았고 잡초들도 무성하게 자라고 있었다. 119 소방안전센터 앞에는 넓은 내리막 도로가 있어 자동차들이 속도 경쟁을 하듯이 가로등도 없는 도로를 질주하곤 했다.
어둑어둑 해가 질 무렵 소방서 사무실에는 야간근무자들이 TV 앞에 모여 뉴스에 귀를 기울이고 있었다.

"오늘은 커다란 사고가 없을 테지!"

누군가 흥얼거리며 말했다.

"그럼, 없어야지! 있으면 좋겠어?"

신경질적인 말로 받아넘기는 사람은 입사 9년 차인 강 반장이었다. 화재 현장에서 진압활동을 하다가 얼굴에 화상을 입고 두세 번의 큰 수술을 치른 그가 사고란 말에 예민하게 반응한 것이다. 수술이 잘 돼서 깨끗해졌다지만 그래도 피부의 잔흔적은 그날의 기억에 머물러 있었다. 오래전 화재 현장에서의 일이 커다랗게 가슴 한편에 응어리가 되어 아직도 자신의 의식 속에서 살아 숨 쉬고 있다는 것에 강 반장은 가슴이 아팠다.

뉴스가 끝나갈 때쯤, 사무실 현관문이 급하게 열리면서 중년의 남자가 불쑥 얼굴을 내밀며 들어왔다.

"저… 여학생이… 납치된 것… 같아요!"

순간, 강 반장의 머릿속에는 뭔가 불길한 느낌이 들면서 올 것이 왔다는 예감이 스치고 지나갔다. 평소 사무실 앞 인도에는 사람들이 자주 다니질 않는다. 더욱이 청사 옆과 뒤쪽이 그린벨트 지역이라 상가 건물이나 주택들이 없기에 어두워지면 음산하기만 하다. 다행히 이곳에 119 소방안전센터가 있다는 것만으로 방범효과를 볼 수 있었다. 간혹 학생들이나 산책하는 사람들이 지나갈 뿐 한적한 장소이기에 강 반장의 반응은 당연하였다.

"납치라니요! 천천히 말씀해 보세요."

강 반장이 남자에게 말했다. 그리고 후배에게 즉시 차고에서 자동차 자키 레버와 소방차에서 휴대용 랜턴 2개를 가져올 것을 지시했다. 자동차 자키 레버는 길이가 0.5 미터 정도 되는 쇠파이프로 소방차 타이어를 바꾸고자 할 때 차를 들어 올려 사용되는 공구의 일종이다. 사람을 납치하는 범인이 칼 등의 무서운 흉기를 휴대했을 것이라는 생각에, 그에 대응하기 위해 공구를 준비시킨 것이다.

"내 앞에서 어떤 남자가 걸어가더군요. 그런데 갑자기 뛰어가더니… 앞에서 걸어가던 여자의 목을 잡고는 급히 우측 숲속으로 사라졌어요. 빨리 가봐야 할 것 같아요! 납치된 지 얼마 되지 않아서 금방 잡을 수 있을 거예요."

납치된 여자가 시간이 지나면 위험하기에 빨리 가야 한다고 흥분된 소리로 중년의 남자가 재촉했다.
상황을 접수한 부센터장은 경찰관서에 연락을 취했다. 경찰관이 이곳까지 오려면 시간이 꽤 걸린다는 것을 부센터장은 알고 있었고 그때쯤이면 모든 상황이 끝나있을 것이다.

"강 반장! 한길만 소방사와 신고한 남자 따라가서 빨리 찾아봐! 나머지 대원들은 화재출동에 대비하고."

부소장의 지시가 떨어지자마자 평소 의협심과 정의감이 넘치던 강 반장은 물을 만난 물고기처럼 납치된 장소로 달려갔다. 소방관서와 불과 100여 미터쯤 떨어진 납치 장소에 도착하자 강 반장은 작전을 짜기 시작했다.
신고를 한 중년의 남자에겐 입구에서 범인이 도주할 것에 대비, 지키라고 알려 주었고 범인이 달려오면 "여기다!"라고 소리만 지르면 된다고 하면서 범인과 마주치더라도 격투하지 말라고 강조했다. 이것은, 격투를 하면 범인이 흉기를 가지고 달려들 위험에 대비한 방책이었다. 위험했던 경험이 많은 강 반장의 노하우였다. 그리곤 한길만 후배에게는 떨어지지 말고 자신의 뒤에 바짝 붙어서 따라오라고 지시했다.

살금살금 숲으로 들어섰다. 사방은 고요하며 간혹 풀벌레 소리만이 정적을 깨고 있었다. 그린벨트로 묶인 숲에는 누군가 심어 놓은 정원용 나무들이 군데군데 심어져 있고 널찍한 평지에는 각종의 나무들과 풀들이 조화를 이루고 있어 범인의 은폐가 용이하고 범죄를 저지르기엔 적절한 장소였다.

"세상에, 이런 곳이 다 있었네!"

강 반장도 놀랍다는 표정이었다. 이 넓은 숲속에서 범인을 찾는다는 것은 여간 곤란한 것이 아니다. 놈이 간 방향을 찾기란 더욱더 어려웠다. 방향만 잡아도 범인은 잡은 것이나 다름없다고 속으로 굳게 믿는 강 반장이었다.

조심조심 숨소리도 죽여 가며 발걸음을 한발 한발 내디뎠다. 어디선가 범인은 숨어서 강 반장 일행이 오는 것을 어둠 속에서 보고 있지 않을까. 납치한 여자를 위협과 공포로 장악하고 자기의 욕구를 위해 침을 흘리고 있을 범인을 생각하면 피가 거꾸로 흐르는 정의의 사나이 강 반장이다.

머릿속에는 온통 놈을 잡아야겠다는 생각으로 가득 차 있고 온몸의 모든 감각 기관을 동원하여 촉각을 세우고 있다. 특히 어두운 정적 속에서 양쪽의 귀는 풀벌레 소리 하나라도 흘려보내지 않는다. 잠시 제자리에 섰고 적막이 흐르는 순간, "윽!"하는 가느다란 외마디 비명이 강 반장의 귓가에 감지되었다. 어둠 속에서의 외마디 소리가 범인이 있는 방향이라는 것을 놓칠 강 반장이 아니었다. 소리 난 쪽으로 발걸음을 재촉했고 강 반장의 오른손에 쥐어진 쇠파이프에 힘이 들어간다. 마음은 급해져 왔고 긴장감마저 느껴지기 시작했다. 소리가 났던 쪽으로 어느 정도 걸었을 때 강 반장 앞에 나지막한 언덕이 가로막았다. 잡초로 우거져 있는 언덕 위에서 "우욱!"하는 소리가 다시 들려왔다. 입이 막혀 있는 상태에서 내는 소리였다.

마음이 점점 급해져 납치된 여자에게 아무 일이 없도록 놈을 빨리 잡아야겠다는 생각이 앞서자 낮은 언덕을 오르는 것이 여간 더디게 느껴지는 것이 아니었다. 언덕을 다 오른 순간, 강 반장의 눈에 범인이 한 손으로 여자의 입을 틀어막고 엎드려 있는 뒷모습이 보였다. "이 쇄끼 봐라!" 소리치면서 강 반장이 범인을 향해 덮치려는 찰나 트레이닝복을 입은 범인은 뒤도 돌아보지 않고 후다닥 도망가기 시작했다. 강 반장은 후배 한길만에게 여자를 보호하여 사무실로 데려가라고 지시한 후 범인을 뒤쫓기 시작했다. 놈은 뒤도 돌아보질 않고 도망을 간다. 뒤를 보는 순간 자신의 얼굴이 알려질까 두려웠던 모양이다.

"거기서지 못해!"

강 반장은 정신없이 놈의 뒤를 쫓았다. 거친 잡풀들을 헤치고 한참을 달렸을 때 순간 놈의 모습이 보이질 않았다. 놈을 놓쳐버린 것이다.

"이런, 제기랄!"

흥분을 삭이지 못한 강 반장은 그 일대를 계속 찾아 보았지만 놈의 모습은 보이질 않았다. 이곳의 지형을 잘 아는 놈이라고 생각하면서 아쉽지만 발길을 돌려야만 했다.

강 반장이 돌아왔을 때 사무실에는 얼굴이 퉁퉁 부은 어린 여학생이 고개를 떨군 채 울고 있었다.

"왜, 얼굴이 부은 거니?"

강 반장이 물었다.

"그 … 아저씨가 때렸어요!"

순영이 공포에서 헤어나질 못했는지 몸을 떨면서 말했다.

"그래, 별일은 없었던 거지?"

강 반장이 다시 물었다.

"예… 제 옷을 벗으려는데, … 아저씨들이 와서…"

순영이 흐느끼며 말했다. 정말 다행이었다. 강 반장 일행이 빨리 신고를 받고 현장에 도착해서 범인이 목적을 이루기 전에 해결하였으니 여학생이 당했을 뻔한 범죄를 막은 것이다.

"학생, 지금은 괜찮아. 여기는 소방서야… 나쁜 아저씨는 도망갔어. 놀라지 말고 어떻게 된 건지 찬찬히 말해봐."

수사반장이나 된 것처럼 강 반장이 말했다.
순영이 말한 내용은 이러했다. 걸어가는데 갑자기 뒤에서 범인이 낡은 면장갑으로 입을 틀어막고 숲속으로 끌고 들어갔으며 공포심을 주기 위해 수차례 뺨을 갈기고 연필 깎는 작은 칼로 위협까지 했다는 것이다. 다행히도 뒤에서 걸어가던 행인이 납치상황을 목격했고 행인인 중년의 남자가 소방관서에 신고함으로써 어린 여학생의 성폭행을 막은 것이다.

"집에 연락할 테니 전화번호를 말해봐."

강 반장이 말했다. 순영의 어머니에게 연락하자 얼마 후 순영의 어머니가 놀란 얼굴로 사무실 문을 박차고 들어왔다. 한 손에는 무언가 잔뜩 들어있는 비닐봉지가 쥐어져 있었다.

"어머니! 놀라지 마세요, 다행히도 큰일이 없었으니 걱정하지 마시고, 따님이 무척 놀랐으니까, 너무 나무라지 마시고 달래 주세요!"

강 반장의 설명에 어머니는 안도의 한숨을 쉬면서 정말 연신 고맙다는 말과 함께 손에 쥐어져 있던 비닐봉지 속의 빵을 꺼내놓으며 드시라는 말을 뒤로하고 돌아갔다.
한바탕의 긴장이 풀리고 허기가 진 강 반장은 빵을 먹으면서 범인 놓친 것에 화를 풀기라도 하듯이 빵을 입속 가득히 쑤셔 넣고는 질겅질겅 빵을 반죽으로 만든다. 마치 놈을 씹기라도 하듯이….

그 일이 있었던 뒤로는 강 반장의 활동범위가 넓어졌다. 인근 여학교의 수업이 끝나는 시간이 되면 119안전센터 앞에서 무사히 학생들의 귀가를 돕는 방범과 방화경비를 하는 파수꾼이 되었다. 다른 곳으로 인사발령 나기까지 말이다.

"정의 사나이 우리 강 반장 화이팅!"

한 번의 실수

놈의 실직 소식을 들은 것은 얼마 전의 일이었다.

온 세상이 명퇴, 조퇴, 구조조정 등의 소용돌이로 어수선한 시기에 불행의 신은 놈에게도 비켜 가질 않았다. 어릴 적부터 유난히 다투면서 자라온 놈이기에 그 소식은 충격이었다. 어린 시절 보습학원에 다니는 것은 부유한 집 아이들만이 다니는 것으로 생각할 정도로 생활이 궁핍한 내겐 학원의 문턱이 높아 보였고 학원 가는 애들이 부러웠다. 때문에 학원 가방을 메고 거들먹거리는 놈이 못마땅했었다. 외아들로서 부족함 없이 풍요롭게 자라온 놈은 콧물 흘리는 애들도 안다는 기업에 입사했고 많은 친구들이 축하연에 초대되어 기쁨을 같이 했었다. 벗들 중에서도 녀석이 출발이 제일 좋았던 것이다.

"그래! 열심히 근무하여 승진도 해서 이담에 사장님 소리 한번 들어 봐라."

참석한 다수가 박수를 치며 한마디씩 건네는 인사말이었다. 그러나 내 가슴속은 먹은 음식이 위 속에서 파도를 치듯이 쓰려 왔다. '고얀 놈! 사돈이 땅을 사면 배 아파한다고 하더니 마음을 깨끗하게 먹어야지 더욱이 여긴 축하하려는 자리가 아닌가!'하고 자신을 안위했었다. 그 후 나는 보람과 성취감을 맛볼 수 있는 소방에 입문했고 '불'과의 전쟁은 내게 이렇게 시작되었다. 신이 인간에게 베푼 최고의 선물이라는 불을 적으로 삼고 그 속에서 삶과 죽음의 찰나를 수없이 견디고 고통과 기쁨의 이중창 속에서 보람을 찾는 날들이 반복되었다.

그렇게도 잘 나가던 놈의 불행에 가슴이 아파왔다. 먼 옛날의 고약한 심보가 아닌 우정으로서 측은함이 앞섰던 것이다. 놈의 아버님은 사업 실패로 근근이 생활하신다는 얘기를 들은 적이 있고 놈에게는 아직도 더 커야 하는 자녀들도 있기 때문이다. 여기에 가장의 실직은 가정의 붕괴이며 절망이요, 희망과 꿈 그 이상의 상실을 가져올 수도 있고 녀석의 좌절은 더욱더 큰 불행을 잉태할 수도 있기 때문이다. 놈에게 용기를 주기 위해서 수다깨나 하는 벗과 함께 놈의 집을 방문하기로 했다.

주위에는 낮은 산과 아파트로 군집되어 있는 전원풍의 놈의 집은 녀석이 잘나가던 시절에 구입한 것으로 보였다. 놈은 열심히 일했다며 말끝을 흐리면서 푸념을 늘어놓았다. 그리고는 전에 직장에서 준 얼마의 위로금으로 새롭게 시작해야겠다고, 자그마한 희망의 끈이 있음을 발견하고 우리는 발길을 돌렸다.

평시와 같이 아침 교대가 이루어졌다. 외근소방관의 근무가 24시간 격일이라 아침마다 사무실은 전일과 금일 활동에 대한 인수인계로 어수선했다. 특히 오늘은 민방위 훈련이 있어 더했다. 일과를 마무리하려는 이른 저녁시간 사무실 내의 지령앰프가 진동했다.

"화재출동! ○○동 △△아파트 4동 1804호 화재출동!"

항상 그랬듯이 긴장감에 생활하는 나의 몸은 무의식적으로 어느새 출동차량에 승석하여 있었고 반평 남짓한 좁은 공간에서 공기호흡기 등 개인장구 장착은 신속함에도 늘 더디게 느껴졌다. 지금 화재현장에서는 어떠한 상황이 전개될 것인가를 상상하면서 그에 따른 제반 장구준비와 함께 대원들에게 각자의 임무를 부여하면서 출동하고 있었다.

 요란한 사이렌 소리가 도심을 진동하고 소방차량에 부착된 각종 조명등이 경고 사인을 보내면서 도로를 질주하고 있으나 정체된 차량으로 인해 신속출동에는 늘 어려움이 있었다. 화재현장에 들어서는 아파트 입구는 낯설게 느껴지지 않았다.

 미리 대기하고 있던 경비원이 출동차량을 화재장소로 유도했고 현장에 도착하자 18층의 창문으로 연기 분출이 보였다. 즉시 그곳과 연결되어 있는 아래의 위치한 가스배관을 차단했고 대원과 함께 랜턴 등 간단한 개인장구만을 휴대한 채 함께 승강기에 탑승하려는데 경비원들이 승강기를 장악하고 우리의 신속진입을 도와주고 있었다.

 "교육시킨 보람이 있구만!"

 내심 흐뭇했다. 얼마 전에 이곳에 불이 난 적이 있었는데 고층 아파트라서 지상의 소방차에서 수관(호스)을 연결하기가 어려웠고 그래서 발화층에 위치한 옥내소화전을 점령하려고 엘리베이터에 탑승하려 했으나 어디에서 불이 난지도 모르는 주민들이 평소처럼 엘리베이터를 사용하는 관계로 입구에서 한참을 기다리다 화재현장에 도착한 적이 있었다. 다행히도 사람이 없는 상태에서 보신용으로 끓이던 냄비 속의 물질이 타면서 연기가 분출하여 신고한 것으로 피해는 극히 적었었다.

그 후 아파트 관계자를 상대로 교육한 적이 있어 이번에는 신속히 탑승할 수 있었던 것이다. 화재 발생 시 승강기 탑승은 위험성이 따른다. 전기의 차단으로 승강기가 정지되면 승강기 안에 갇힐 우려도 있고 연기에 질식될 위험성도 존재하기 때문이다. 따라서 화재 시 주민들은 승강기 사용을 자제하여야 한다.

현장에 도착하자 무거운 철문이 앞을 막았다. 문 틈새로 간간이 농연이 분출하고 있었고 우리는 철문 옆에 설치되어 있는 옥내소화전을 조작하고 도어 오프너를 사용하여 철문을 열었다. 안은 시커먼 연기로 한 치 앞을 볼 수 없었고 불꽃은 보이질 않았다.

늘 느끼는 것이지만 이런 상황은 불하고 숨바꼭질한다. 더욱이 건물의 구조와 형태를 알 수가 없어 긴장이 배가된다. 먼저 주방을 의심하여 찾으려 하나 짙은 연기로 위치 파악이 어렵다. 한발 한발 내디디며 열기가 느껴지는 쪽으로 더듬어 갔다. 이때 어둠 속에서 꼬물꼬물 춤을 추며 자그맣게 미소를 짓고 있는 화마를 발견했다. 순간 물에 의한 피해를 줄이기 위해 화마를 향해 휴대한 소화기의 손잡이를 힘껏 누르고 방사를 했다.

어둠 속에서 하얀 분말가루가 퍼져 나갔다. 서너 개의 소화기로 작동하였으나 화마는 죽지 않고 다시 살아나곤 했다. 시커먼 농연 속에서 화점 조준에 문제가 생긴 듯했다. 통상적으로 소화기(A.B.C)는 일반, 유류, 전기화재에 적응이 좋고 초기 화재에만 유용하다.

할 수 없이 소화전에서 연결된 물이 가득 찬 소방호스의 관창으로 화마의 머리를 향해 갈겼다. 소리 없이 쓰러지면서 잠잠해짐을 확인했다. 물은 특성상 비열과 증발잠열이 커서 수증기로 변할 때 주위로부터 많은 열량을 빼앗아 냉각과 질식 효과가 크고 경제적이며 흔히 구할 수 있어 일반화재에 주로 사용된다.

화재가 완전히 꺼지게 된 것을 확인하고 환기와 인명검색을 위해서 밀폐되어있던 창문을 열었다. 시꺼먼 연기가 창문 쪽으로 빨려나간다.

화장실, 침대 등 사람이 있을 만한 장소들 순으로 검색을 실시했으나 사람은 없었다. 주방 주위는 잿더미가 되어있고 집 내부는 온통 그을음으로 수선이 불가피하였다. 천장을 보았다. 불이 나면 열기에 의해 자동으로 작동되어야 할 스프링클러 설비가 작동하다 중지된 것이 보였다. 고층건물에는 소방활동에 어려움이 있어 의무적으로 소화설비를 강화 설치토록 했기 때문에 유사시 대비해서 항상 유지관리에 관심을 가져야 한다.

잔불 확인 작업을 하던 중 거실에서 그을음에 가려진 가족사진을 발견했다.

'앗! 이게 누군가! 뿌연 유리액자 속에 희미하게 보이는 것은 놈이 아닌가! 설마 녀석의 집이…'

경비원에게 이것저것 알아보았다. 틀림없이 놈의 집이었다. 어떻게 된 것인지 궁금하였고 놈에게 알려야만 했다. 머지않아서 놈이 달려왔고 망연자실한 상태에서 말문을 잃어버린 상태로 연신 한숨만 내쉬었다.

인명피해도 없고 이 정도로 다행이라고 위로하자 놈은 입을 열기 시작했다. 부인은 친정댁에 갔고 아이들도 학교에 간 후 커피 한잔을 먹으려고 주방에 있는 가스레인지 위에 물을 올려놓고 불을 점화한 후 잠시 지역 생활정보지를 보았단다. 거기에서 부업과 관계되는 것을 발견하였고, 전화로 알아보니 오늘이 마감이라 하여 민방위 훈련도 있고 해서 빨리 갔다 와야 한다는 생각에 나간 것이 이러한 결과를 가져온 것이다. 안타까운 일이 아닐 수 없다.

'조금만 주의를 했어도…'하는 생각이 가슴을 아프게 했다. 가스레인지를 취급할 때에는 점화용 콕크를 서서히 돌려 불이 붙었는지 확인하고 화기 주위에는 가연물이 없도록 해야 하며 조리 시에는 바람으로 국물이 넘쳐 불이 꺼지지 않도록 근처에서 지켜보고 연소 시에는 공기를 조절하여 완전연소가 되도록 하여야 함은 물론 집을 비울 때는 메인밸브 또는 중간밸브를 반드시 잠그는 습관이 중요하다는 것이 이번 화재에서의 교훈이었다.

화재현장에서 늘 경험하고 느끼는 것이지만 화재는 인정과 사정이 통하지 않는다. 조금의 방심과 틈만 보이면 언제든지 공격할 수 있고 여유란 사치를 용납하지 않는 존재다. 따라서 불에 대해서 항상 조심하고 깨어 있어야 한다.

실직과 화재, 놈이 불행의 늪에서 시험을 치르고 있는 것이 매우 가슴 아팠다. 특히 화재는 더욱더 그랬다. 그나마 인명피해가 없다는 것과 소실 부위도 주방에 한정됨에 자족해야 했다. 놈에게 화재손실에 대한 복구요령을 알려주고 우리는 다음 출동을 위하여 귀소하여야만 했다.

친구여!
불을 믿지 마라.
불은 통제가 곧 믿음이다.
그리고 용기를 가져라!

견명(犬命) 구조

따르릉! 따르릉! 늦은 저녁 시간 휴대폰의 벨소리는 한참 분위기가 무르익는 회식자리의 불청객이었다.

"어! 이게 누구신가! 이사장님께서 전화를 다 주시고."

분위기를 깬 것에 갚음이라도 하듯이 비아냥거리는 어투로 나는 말을 건넸다.

"농담이 아니야! 우리 공장에 불이 났어!"

진지하면서도 침착한 놈의 목소리가 약간의 취기에 젖은 내 귓가를 긴장시켰다.

금형 기계로 물품을 찍어 반제품을 생산하여 상급공장에 납품하는 놈의 공장은 도시 변두리에 있다. 허름하고 태풍이라도 불면 날아갈 것 같은 보잘것없는 천막으로 형성된 곳이었다.

지난 겨울 폭설이 내렸을 적에도 눈 무게를 견디지 못하고 지붕의 일부가 무너진 일도 있었다. 그때도 눈이 오면 수시로 지붕의 눈을 털어 내라고 얘기한 적이 있었고, 이곳에서 불이라도 나면 초기진화에 어려움이 있으니 항상 불조심하고 화기취급에 관심을 가지라고 충고하면서 직접 소화기를 사다 준 적이 있기에 불이 났다는 소식을 듣고 '올 것이 왔구나!'하는 씁쓸함이 머릿속을 스치고 지나갔다.

회사 동료들과의 회식자리를 뒤로하고 신속히 불이 난 공장으로 향했다. 화재현장은 폭격을 맞은 전쟁터와 같이 초토화되어 있었고, 어둠 속에서 간간이 열에 의한 물기가 수증기 되어 피어오르고 있을 뿐, 남은 것이라고는 아무것도 없었다. 다만 암흑 속에서 불 먹은 커다란 기계들만이 우뚝 서서 현장의 참혹함을 말해 주고 있었다.

"야간작업하다가 밖에서 쉬고 있는데, 빨간 불꽃이 보이잖아. 순간, 불이구나! 라는 느낌이 들더라구. 즉시 뛰어 들어가 소화기로 끄려고 했지. 그러나 순식간에 불이 천장으로 옮겨붙는데 도저히 소화기로는 안 되겠더라구!"

안타까움인지 체념인지 분간할 수 없는 놈의 넋두리가 마음을 아프게 했다. 소화기는 화재를 초기 발견 시에 사용함으로써 유용한 것이지 초기 진압에 실기하면 효용 가치를 잃어버릴 수 있는 것이다. 따라서 누구든지 소화기 사용법과 평소 위치를 알아두는 것도 유사시에 커다란 도움이 되는 것이다.

화재 원인 조사에서 전기합선으로 추정, 결론을 내렸다. 그 전에도 종종 누전 차단기 스위치가 떨어진다는 얘기를 놈으로부터 들은 적이 있었다. 전기를 이용하여 기계를 작동하는 공장에서 전기안전점검은 기본이 아닌가!

노후전선이나 불량 전기기구는 규격 제품을 사용하고, 그리고 사용하지 않는 전기기구 스위치는 끄고 플러그는 뽑아두며, 작업 종료 시 전원을 반드시 차단하는 것은 전기화재를 예방하는 상식인 것이다.

조그만 방심이 이러한 큰 화를 초래했으니 누구를 탓할 것인가! 그저 답답할 뿐이었다. 인명피해는 없냐고 묻자, 말없이 침통한 표정을 짓고 있던 부인이 꺼져가는 목소리로 말을 하였다.

"우리 칠복이가 죽었어요. 얼마 전에 새끼까지 낳았는데…, 나오지도 못하고, 새끼들하고 얼마나 무서워하며 고통스럽게 죽어갔겠어요."

달빛에 비치는 그녀의 눈가에서 물기가 흐르고 있음이 보였다. 칠복이가 국적을 알 수 없는 방호용 개라는 것을 나중에 알았을 때 표현할 수 없는 그 무엇이 밀려오고 있었다. 지금 화재로 재산이 소실된 상태이며 앞으로의 일을 더 걱정해야 할 상황임에도 애견에 대한 애착심에 상심하고 있으니 뭐라고 위로의 말을 해야 할지 착잡함에 사로잡혔던 것이다.

늦은 봄, 아침 햇살이 유난히 따스하게 느껴지는 사무실은 전날 근무자와 업무 인수인계로 인하여 어수선했다. 이것은 외근 소방관들에게서만 볼 수 있는 풍경이다. 이러한 생활을 해온 지도 꽤 되었건만 일과를 시작할 때면 마음속으로 '오늘도 무사히'라고 자신과 약속하는 것에는 변함이 없다. 작년에 화재현장에서 동료 소방관 2명을 잃고부터는 더한 느낌이다.

화재 없는 하루가 되었으면 하는 바람을 가지면서 조간신문 오늘의 운세 면으로 눈길을 돌렸다. 12마리의 동물 그림이 있고 그중에 자기가 태어난

띠에 해당하는 동물에 지정하면 내용물을 알 수 있게 되어 있는데, 내 시선은 견공(犬公)이 앞발로 자신의 턱을 받치고 머리는 하늘로 향하고 있는 곳에 쏠렸다. 그 밑에는 '헛공사하는 일이 있다'라고 작고 까만 글씨가 적혀 있었다. 내용에 대한 느낌이 그리 좋지는 않았지만 별다른 생각 없이 이해하려 하였다. 하지만 어제 친구 놈의 공장화재로 인해서 밤늦게까지 위로해주다가 출근한지라 몸이 좋지 않은 상태였고, 오늘 오후에는 월드컵 축구대회 준비 때문에 관내 위치한 숙박시설 안전에 대한 소방훈련도 있던 차라 훈련에 차질이 있을까 하는 조심스러움이 고개를 들었다.

매사에 조심하는 것은 좋은 일이라 자위하면서 일과에 들어갔다. 자그만 우려와는 달리 오후에 실시된 훈련도 무사히 끝나고 사무실로 돌아와 훈련에 사용된 장비들을 정비 점검하고 마무리하려던 늦은 오후, 청사 내외에 설치되어 있는 출동지령용 스피커에서 지령실 근무자의 긴박한 목소리가 흘러나왔다.

"화재출동! 용현동 △△빌라 2층, 화재출동! 집안에 요구조자 있는 상태임. 화재출동!"

잔여 장비를 신속히 출동차량에 적재한 대원들은 평소 각자 임무대로 무의식적으로 승석하였고, 어느새 출동차량은 경고 사이렌을 울리면서 도로를 질주하고 있었다. 차량의 좁은 공간 속에서 대원들은 각자 공기호흡기 착용 등의 개인장구를 장착하느라고 손놀림이 빠르게 움직였다. 그리고 대원 각자의 머릿속에서는 경험으로 터득한 현장에서 벌어지는 상황과 이에 대처하는 각자의 임무를 그려내고 있었다.

소방관들은 출동지령을 접수하고는 주간에는 20초 이내, 야간에는 30초 이내에 승차가 완료되기 때문에 개인 안전장구는 출동 중에 좁은 공간 내에서 해결하여야 한다. 화재진압의 승패는 초기에 결정이 나므로 시간은 그만큼 중요하다. 그래서 도로를 주행하는 차량들은 소방차의 경고 사이렌이 울리면 차량을 피양하거나 양보해야 한다고 도로교통법과 소방법에도 명시되어 있다. 하지만 불법 주·정차된 차량들과 일부 운전자의 양보 없는 이기주의적인 사고는 우리 교통문화 부재를 알 수 있음을 출동하면서 종종 느끼곤 한다.

소방관들은 밥을 먹다가, 심지어 화장실에서 볼일을 보다가도 출동지령이 울리면 모든 것을 중단하고 신속히 출동하는 것은 화재로부터 인명피해를 최소화하고 재산을 보호하기 위한 행위라 생각할 때 소방관들보다 긴박하고 절실할 정도로 바쁜 사람들인지 반문하고 싶다.

출동차량은 정체된 차량들 사이를 힘겹게 빠져나와서 드디어 화재현장에 도착했다. 2층에 위치한 창문에서는 붉은 불기둥이 유리창을 깨고 분출하고 있었다. 출동차량을 화기로부터 안전한 장소에 부서하고 각자의 임무대로 빠르게 움직였다.

"방수포로 때려! 수압 올리고!"

위층으로의 연소를 저지하고 또한 화염으로 가득한 실내를 진압하기 위해서 출동차량 위에 설치된 방수포를 이용하라고 지시했다.

"그리고 집 안에 요구조자가 있다고 하니까, 타 대원은 나를 따르고!"

나는 또 다른 대원들과 소방호스와 도어오프너를 휴대하고 계단으로 뛰어올랐다. 계단 하나하나 오르는 데 더디게만 느껴졌다. 이것은 불 속에서 몸부림치는 누군가의 고통을 덜어주자는 일념 때문이었다. 현관에 도착하자 고정된 철제문 틈으로 검은 연기가 분출하고 있었다.

대원이 도어오프너를 능숙하고 신속하게 조작했고, 다른 대원은 물이 뿜어져 나올 것만 같은 팽팽하게 긴장된 소방호스의 관창을 문으로 향해 경계하고 있었다. 드디어 철제문이 열리자 동시에 경계 관창에서 물이 뿜어져 나오기 시작했고, 곧이어 실내로 진입했다. 뻘건 불기둥과 검은 연기가 뒤엉키어 앞이 보이질 않아 어려움을 주고 있었다. 화점을 향해 방수하면서 동시에 랜턴을 이용해서 사람을 찾기 시작했다.

"사람 있으면 대답해요!"

몇 번을 외쳤으나 인기척은 들리지 않았다. 방수포에서 방수한 물과 옥내로 진입한 소방호스의 물로 인하여 불은 곧 진압되었고, 연기를 배출하려고 안방 창문 쪽으로 향했다. 몇 걸음을 했을까. 발에 무언가 걸리는 느낌이 들었다.

"앗! 사람이다! 여기 사람 있다!"

큰소리로 외쳤고 다른 대원이 달려왔다. 목 부위 경동맥에 손을 대니 맥박이 뛰는 것이 느껴졌다. 살아있었다. 그 사람에게 공기호흡기 보조 마스크를 얼굴에 씌우고 어깨걸이 하여 밖으로 나오니 20대 초반으로 보이는 여자의 모습이었다. 밖에서 대기하고 있던 구급대원에게 그녀를 인계하고 다시 옥내로 진입했다. 내부는 거실만 전소되었을 뿐 다른 곳은 보존이 가능한 상태다. 다만 연기로 인한 그을음 피해가 있을 뿐이었다.

우리는 사람이 더 있는지를 확인하기 위해 인명검색에 들어갔고, 침실, 욕실, 화장실 등을 세밀히 검색하였으나 더 이상의 사람은 보이질 않았다. 잔불정리를 하던 중 유난히 시커멓게 타버린 전기다리미와 거기에 연결되어 있는 전선이 콘센트에 꽂혀있는 것이 보였다.

다리미질을 하다가 방심하여 불이 난 것 같아 보였다. 결국 화재원인 조사에서 전기기구 취급 부주의로 판명했다. 병원으로 이송한 환자도 호흡기 계통에만 상처를 입었다는 연락이 무전기에서 흘러나왔다.

다음 출동준비를 위해 귀소 준비를 하려는데 중년의 여인이 달려왔다. 집안에 우리 아들이 있으니 찾아달라는 것이었다. 확인한 바 더 이상 없다고 하자 그래도 여주인은 찾아달라고 재촉했다. 다시 세밀히 몇 번을 검색해도 사람은 보이질 않았다. 그때 많은 불구경 무리 속에서 "아줌마 여기 있네요!"하는 가녀린 목소리가 들려왔다. 그곳에는 작은 강아지 한 마리가 꼬리를 흔들고 서 있었다.

"아이고! 살아있구나, 내 아들!"

여주인은 강아지를 향해 달려갔다. 불 속에서 개를 살리기 위해 창문으로 던지고 자신은 쓰러진 여주인의 딸, 그리고 내 아들 찾아달라는 여주인의 외침은 인명구조가 아니라 견명 구조라는 신용어의 탄생을 예고하는 것은 아닐지.

화마 속의 엄마 사진

"세상에 이럴 수가!"

아침 일찍 출근한 숙영은 눈앞에서 벌어지고 있는 광경을 보고 소스라치게 놀랐다. 어제저녁 퇴근 때만 해도 멀쩡하게 서 있던 건물이었고 기계가 힘차게 돌아가던 공장이 아니었던가.

그런데 지금 그녀의 앞에는 언제 무너질지 모르는 위기에 처해 있는 공장에 시커먼 그을음으로 도배질 되어 있는 벽과 여기저기 흩어져 있는 그녀의 손때 묻은 제품들만이 시야에 들어왔다. 그리고 그 많던 공장 기계와 수출하려고 쌓아놓았던 물건들은 온데간데없이 모두가 잿더미로 변해버린 모습이었다.

간간이 일부 타다만 물건 속에서 흰 연기만이 모락모락 나고 있었고 그곳의 잿더미를 파헤치며 소방호스를 잡고 잔불을 끄려고 안간힘을 다하는 소방관들의 모습만이 불이 난 시간이 꽤 오래되었을 것이란 추측을 하게 만들었다.

"어떻게… 된, 된 일이에요?"

숙영은 새까만 모습으로 지쳐서 화단에 주저앉아 있는 내게 와 조심스럽게 물었다.

"뭘 말입니까? 아! 이 공장이요? 보시다시피 불이 났잖습니까."

지쳐있는 나는 퉁명스럽게 대답했다. 그것은 지쳐있는데 귀찮게 구는 것에 대한 짜증이 섞여 있는 성의 없는 말투였다. 어제저녁에 화재가 발생하여 다음 날 동이 틀 때까지 진화작업을 하였으니 체력이 바닥 날만도 하였다.

"그런데, 어떻게 되십니까?"

나는 오히려 되물었다.

"예? 예, 이… 이 공장에 다녀요."

꺼져가는 작은 목소리로 그녀가 대답했다.

"아, 그렇군요. 정말, 안됐습니다. 우리도 … 최선을 다해 보려 했지만, 도착해 보니 벌써 불이 공장 전체로 퍼지고 있더군요."

나는 변명과 원망이 섞인 말로 말하였다. 순간, 그녀의 얼굴에는 어두운 앞날에 대한 근심으로 가득 차 보였다. 일할 터전을 잃어버렸으니 어찌하랴! 졸지에 실직이 되어 버렸구나 생각하니 측은함이 다가왔다. 그리고 한편으로 신속한 화재진압이 우리 경제를 살리는 일이 아닌가 하는 무거운 책임감도 들었다. 더욱이 공장 안에는 수출하려고 완성된 제품이 많이 쌓여있어서 그런 생각을 더욱 절감케 했다.

화재진압과 경제의 연관성에 무슨 의미가 있을까! 평소에 큰 의미를 두지 않았던 것을, 숙영을 보는 순간 신속진압을 못했다는 죄책감이 가슴속을 파고들었던 것이다. 하지만, 불가항력이었다고 변명으로 자위해 보지만 그래도 가슴이 답답해지는 것은 어쩔 수 없었다. 이번 화재로 참 좋은 경험을 한 것이다.

사실 이번 화재는 대단히 큰 불이었다. 공장의 규모나 피해액으로 봐서는 몇 년 사이 보기 드문 큰 화재였다. 한 사람도 인명피해가 없는 것이 이상할 정도였다.

고개를 떨구고 앉아있는 내게, 숙영은 자신의 작은 손을 내밀었다. 손에는 종이컵에 커피가 담겨있었다.

"수고하시는데 드세요!"

꺼져가는 그녀의 목소리가 희미하게 들렸다. 어느 사이에 근처에 있는 자판기에서 커피를 가져온 것이다.

"고맙습니다."

나는 진정으로 그녀에게 고마움을 표했다. 사실, 커피 생각이 나기도 하였지만 슬픔 속에서도 여유를 갖는 그녀가 고마웠다.

화재건물 주위에는 회사관계자와 출근한 근로자들이 바쁘게 움직이는 것이 보였다. 멀리서 양복 차림을 한 중년의 회사 남자 관계자가 내게 다가왔다.

"2층은 어떻게 됐습니까? 거기에 전화기 완제품이 많이 있거든요, 수출할 물건들인데…"

궁금하고 걱정 어린 표정의 그의 얼굴이 아침 햇살에 반사되어 내게 다가왔다.

"불은 완전히 꺼졌지만 절반 정도가 소실되었습니다. 그리고 뒤편쪽에 불에 타지 않은 물품이 쌓여있는 것을 보았습니다만, 열기가 워낙 높아 제품이 괜찮을지 모르겠네요."

나는 걱정스러운 마음으로 대답했다. 사실, 휴식이 끝나면 다시 대원들과 열기 제거작업에 투입하기로 마음을 먹었던 터였다. 그런데 그 포장된 물건이 전화기라는 소릴 듣고는 시간이 급하다는 느낌이 앞섰다. 왜냐하면, 전기제품은 열기에 의해 변형될 우려가 많고 결국에는 못쓰게 되기 때문에 신속한 열기 배출이 필요했기 때문이었다. 그녀에게 커피 잘 마셨다는 인사를 하고 휴식을 취하고 있는 대원들을 다시 집결시켰다.

"각자 개인 도끼와 로프를 휴대하고 2층으로 재진입한다! 목표는 창문을 개방하는 것이다! 그리고 열 수 없는 창문은 도끼로 파괴하여 열기를 밖으로 배출시킬 것!"

나는 휴식에서 얻은 힘을 다하여 대원들에게 단단히 지시를 했다. 대원들에게 작업 목적과 목표를 정확히 제시해 주어야만 대원의 안전을 확보할 수 있기 때문이었다. 이어서 창문을 파괴할 때는 지상에 사람이 있는지 확인하고 사람이 있으면 피하도록 알린 후에 파괴 작업을 실시해야 한다는 지시도 곁들였다. 낙하하는 깨진 유리로 인해 아래 있는 사람이 다칠 우려가 있기 때문이었다.

옥내진입을 위하여 대원들과 함께 이동하려는데 숙영이 내 앞을 가로막았다.

"왜 그래요?"

의아한 표정으로 나는 물었다.

"2층에 조립 작업실이 있거든요, 혹시,… 책상 위에 작은 액자사진이 있는데 … 찾아주시면 고맙겠습니다."

그녀는 조심스럽게 말했다.

"예, 알겠습니다. 불이 붙지 않았다면 찾아 드리지요. 그런데, 무슨 사진인데요?"

나는 되물었다.

"우리 엄마… 사진이에요."
"이런 와중에도 사진을 찾으니 중요한 사진인가 보군요. 알겠습니다."

퉁명스럽게 대답하고 화재건물의 2층으로 향하면서 휴대용 무전기로 우리 팀의 옥내진입을 진압대장에게 보고하였다. 1층은 완전히 전소되어 형체를 알아볼 수 없었고 건물 소실면적이 워낙 커서 소방관들이 조별로 방면을 담당하여 잔불 잔업에 사투를 벌이는 모습이 보였다. 1층은 화장지 만드는 공장으로 발화가 처음 시작된 곳이기도 했다. 처음 우리가 화재현장에 도착했을 때 내가 맡은 팀은 2층의 소화작업과 인근으로의 연소저지였는데 엄청 큰 불길로 인하여 옥내진입이 어려워 외부에서 소화작업과 동시에 옥내진입을 병행 실시하였다. 그래도 화세가 워낙 강해서 2층 면적의 절반이 불에 탔던 곳이다. 지금은 타지 않은 쪽의 물건 보호를 위해 재진입하는 것이다. 계단 한 걸음 한 걸음을 조심스럽게 내디뎠다.

계단참에 안전을 위하여 설치한 철 난간이 엿가락처럼 휘어져 있는 모습이 보였다. 2층 복도로 진입하자 사방이 잿더미로 아무것도 보이질 않았다. 어제 밤새 이놈들과 미친 듯이 싸웠던 생각을 하니 아찔한 생각이 들었다.

지금 밖에는 훤히 동이 트였건만 외부로 배출되지 않은 일부의 연기와 열기 그리고 시커먼 재로 인하여 칠흑같이 어두웠다. 휴대 랜턴을 비춰가면서 유리창 쪽을 향했다. 사방이 열기로 가득하여 온몸이 땀에 젖어옴이 느껴졌다.

닫혀 있는 창문을 손으로 여니 신선한 공기가 콧속으로 스며들었다. 상쾌한 기분이 들었다. 일부 유리창은 화재로 인해 깨지고 비틀리고 부서진 모습이었다. 붙박이 창문을 손도끼로 파괴하였다. 공장이 커서 그런지 창문을 열고 깨기를 수없이 해도 작업의 끝이 보이질 않는 느낌이었다. 하나하나 창문을 점령해 나가다보니 어느새 내부 깊이 진입하고 있음이 느껴졌다. 깊이 들어올수록 열기는 더욱 심해졌다. 한참을 걸어가자 기울어진 바닥이 나타났다. 금세 무너져 내릴 것 같은 모습이었다. 건물 바닥을 지탱하고 있는 큰 철재 빔이 열에 의하여 휘어진 것이다. 불의 위력 앞에 소름이 끼치는 순간이었다. 대원들에게 로프를 연결하도록 지시했다. 그리고는 한 사람씩 바닥의 기울어진 위쪽 부분을 조심스럽게 밟으며 지나갔다. 숨을 조이는 순간이었다. 마지막 대원까지 우리는 모두 그곳을 무사히 건너갔다.

기울어진 바닥을 건너가니 그곳은 아직 불이 붙지 않아 모든 것이 온전했다. 다만, 입구보다 열기가 더해 제품에 이상이 있을까 봐 염려되었다. 우리는 창문을 향하여 몸을 이동했고 결국엔 건물의 모든 창문을 개방했다. 두터운 방화복을 입은 몸속에서 그칠 줄 모르게 땀이 흐르고 있음을 피부를 통하여 전달되어왔다.

서서히 연기가 빠지고 건물 내부의 열기가 식어갔다. 건물 내부는 미로를 형성하고 있어 초행자가 활동하기에는 불편하고 위험해 보였다. 그리고 각 실의 천장과 벽이 뒤틀려 있었다. 열기의 위력을 실감하는 순간이었다.

발길이 넓게 구획되어 있는 실 앞에 멈춰 섰다. 그것이 제품 저장창고였다. 산더미같이 포장되어 있는 전화기 제품창고에는 처음 물건을 쌓았을 때 모습 그대로 가지런히 진열되어 있었다.

보기만 해도 배가 부른 느낌이었다. 그리고 물건이 온전한 것에 대한 고마움이 느껴졌다. 다시 옆에 구획된 실로 들어가자 조립라인으로 보이는 기계들과 부품들이 보였다. 순간, 숙영이 부탁한 사진액자가 생각났다. 찾기를 간절히 바라던 그녀의 모습이 눈앞에 아른거렸다. 그리고 화재진압보다 더 중요하다는 사실이 뇌리를 스치고 지나갔다.

조심조심 랜턴을 비춰가며 사진을 찾기 시작했다. 탁자 위에는 부유물질이 쌓여 시야를 혼탁하게 했다. 연기 속에 포함된 물질로 사람에게 해로운 것들이었다.

한참 동안 사진액자를 찾아 헤매다가 조립라인 끝자락 탁자 위에 뿌연 잿가루에 덮여있는 조그만 액자를 발견했다. "아! 이거구먼." 하고 기쁨의 소리가 흘러나왔다. 나는 얼른 액자유리를 손으로 닦았다. 그러자 자상하고 단아하게 생긴 여자의 모습이 눈에 들어왔다. 숙영이 찾아 달라던 그녀의 어머니 사진이 분명했다.

'이 사진 같은데, 무슨 사연이 있는 건가?' 사진을 찾았다는 기쁨과 궁금증이 교차했다.

우리 팀은 목적을 완수하고 철수를 시작했다. 유리창의 개방으로 연기와 열기가 빠져나가서 그런지 들어올 때 보다 나갈 때가 쉬웠다. 지상에 무사히 도착하자 다시 휴대용 무전기로 임무완수를 보고하였다. 우리가 대기 장소에 돌아왔을 때 숙영은 처음 그 자리에 그대로 서 있었고, 마치 기다리던 연인을 만난 것처럼 우리를 기쁘게 맞이하였다.

"사진은… 찾았나요?"

궁금한지 그녀가 물었다.

"예, 사진은 찾았는데, 어머니가 맞는지 보세요."

두툼한 방화복 주머니에서 사진을 꺼내어 그녀에게 보여주며 말했다.

"예! 맞아요, 우리 엄마예요.… 정말, 고맙습니다."

그녀는 사진을 쳐다보며 기쁨의 눈물을 흘리고 있었다.

"눈물 흘리는 것을 보니… 무슨 사연이 있나요?"

나는 궁금하여 물었다. 그러자 그녀가 대답했다.

"4년 전 우리 집에 불이 났었어요. 어린 남동생이 집 안에 있었는데, 그 애를 구하려고 엄마가 불 속에 뛰어들었는데 그만…"

그 날의 악몽이 떠올랐는지 숙영은 말을 잊지 못했다.

"오늘이 4주기 되는 그 날이거든요. … 그런데 공장에 불까지 나고, 엄마 사진이 불에 타면 어쩌나 걱정이 되었지요."

액자 속에 미소를 머금고 있는 엄마 사진을 보며 숙영은 자기가 엄마를 화마에 또 희생시킬 뻔했다는 죄송스러움에 몸을 떨었다.
참으로 다행한 일이라 생각하면서 이번 화재는 내게 많은 것을 가르쳐 주었다는 느낌이 들었다. 그녀가 내게 다가온 것은 행운이었고 많은 것을 가르쳐 주었기에 그녀에게 감사를 드린다.

위기의 사람들 2

방범창의 이중성

하늘이 열려있는지 하루 종일 비가 내린다. 날씨 때문인가 하루 종일 우울한 심정이다. 입추가 지났고 말복까지 지났건만 여름비는 아닐성싶다. 이번 비는 농군들에게 도움이 되지 않고 환영받지 못할 불청객일 뿐이다. 오곡과 백과가 무르익기 위해서는 따스한 태양이 필요한 시기이기에 비가 내리니 농부의 마음은 오죽이나 아플까 생각해 본다.

  마음이 우울한 건 비 때문만은 아닐 것이다. 어제 새벽 다세대 주택에서의 화재가 나의 가슴을 짓누르고 있기에 답답함이 더하기 때문일 것이다.

  깊은 밤 고요한 도심에 사이렌 소리가 울려 퍼지고 우리가 도착한 곳은 다세대 반지하 주택이었다. 그러나 심야의 좁은 도로는 주차되어 있는 차량들로 인하여 소방차의 화재현장진입을 가로막았다.

"제기랄!"

나도 모르게 입에서 욕이 흘러나왔다. 소방차량으로부터 200여 미터 위치한 반지하 주택에서는 검은 연기와 붉은 불기둥이 어둠 속에서 발하고 있는 것이 보였고, 그렇기에 마음은 이미 화재현장에 가 있어 다급하기만

하였다. 더욱이 이 시간대면 분명 집안에 사람이 있을 수 있다는 생각이 들었고 경험으로 충분히 알 수 있었기에 조급함은 더했다.

소방차량이 더 이상 진입할 수 없음을 알고 그 자리에서 소방호스 20본을 연결하여 대원들과 함께 구보로 화재현장으로 달려갔다. 보통 소방차량에 소방호스 10본은 적재하고 있으나 이날은 10본을 더 연결해야 했기 때문에 시간이 더 필요했고 여간 어려운 것이 아니었다.

"신속히 움직여!"

선착대로 도착한 나는 대원들에게 외쳤다.

화재현장에 도착하니 반지하 주택의 창문에는 철재로 만든 방범창이 설치되어 있었고 그 틈 사이로 검은 연기와 불기운이 솟구쳐 나왔다. 소방호스에 연결된 관창에 힘을 주고 방수를 시작했다.

우리 뒤를 따라온 구조대원들은 현관으로 달려 내려갔다. 그러나 현관은 안에서 잠겨있는 철문으로 굳게 닫혀 있었다. 도어 오프너장비를 사용하여 구조대는 문 개방을 실시하였으나 이중으로 잠겨있는 문은 좀처럼 열릴 줄 몰랐다.

우리가 창문에서 방수를 실시하자 불기운이 사그라들고 이어서 방범창문을 뜯으려 하는데 좀처럼 떨어지지 않았다. 순간, 안에서 젊은 사람의 살려달라는 비명이 들려왔다. 랜턴을 비추자 얼굴이 새까만 그의 눈동자가 보였다. 순간, 나의 눈과 마주쳤다. 그 눈동자는 공포에 질려있었고 살려달라고 외치는 소리는 절규에 가까웠다.

"빨리, 셔터 절단기 가져와!"

나는 누군가에게 외쳤다.

셔터 절단기는 소방차량에 적재 되어있다. 무겁기도 하지만 화재현장으로부터 한참 후미에 위치한 소방차에서 가져와야 하기 때문에 시간이 걸릴 건 뻔하였다. 지금은 한 사람의 생사를 가르는 위급한 순간이고 분초를 다투는 일이기에 도로에 불법 주차된 차량이 원망스러웠다. 기다란 쇠파이프를 방범창살 사이에 빗장을 걸어 창살을 뜯어내려 해도 좀처럼 떨어지지 않는다. 방범창틀이 견고히 고정되어 있었다.

안에서 살려달라는 절규의 소리가 잠잠해졌다.

나는 큰소리로 "정신 차려요! 안에 의자 있으면 창틀을 부숴 봐요!"하고 외쳤으나 그는 소리가 안 들리는지 살려달라고만 외쳤다.

잠시 후 그 절규의 소리는 들리질 않았다. 셔터 절단기가 도착했고 창들을 자르기 시작했다. 톱날에서 튀는 불꽃들이 흩어져 갔다.

"제발 살아 있어다오!"

방범 창틀을 서너 개 자르는 동안에도 마음은 한 인간의 절규에 머물러 있었다. 사람이 들어갈 수 있는 공간을 절단하고 소방호스를 움켜쥐고 집안으로 들어갔다. 구조대도 현관문을 파괴하고 실내로 진입했다. 현관 입구에 쓰러져 있는 1명을 구조대가 발견했다. 그리고는 즉시 밖으로 이송했다. 다행히도 생명은 이상이 없었고 외상도 없어 보였다. 우리 대원들은 일부의 잔불을 확인하고 즉시 진화하였다. 그리고 인명검색 실시에 들어가자 완전히 불에 타버린 안방이 나타났다. 커다란 장롱이 숯덩이로 변해 있어 화세를 짐작하게 했다. 나는 살려달라고 외치던 젊은 사람은 찾기 위해 랜턴을 이용하여 이리저리 구석구석 찾아 보았다.

그러나 그의 모습은 보이질 않았다. 마지막으로 화장실 문을 열자 처참한 광경이 나타났다. 사람 3명이 포개어 쓰러져 있는 것이다.

"여기 사람이 있다!"

나는 흥분과 두려움으로 큰소리로 외쳤다. 이어서 진압대원들이 달려왔다. 그러나 때는 이미 늦은 뒤였다. 모두가 죽어있었다. 주검 앞에서 당시 살기 위해서 몸부림쳤던 그들을 생각하면서 나 자신의 무능력을 원망했다. 소사한 흔적이 없는 것으로 보아 모두가 연기에 질식되어 사망한 것으로 추정되었다. 그중에는 내게 살려 달라고 외쳤던 젊은이도 있었다.

나는 내 머리 위에 씌워져 있는 방수모를 벗고 조용히 그의 영혼을 위로하였다. 그리고 구급대원들이 가져온 흰 가운을 주검들 위에 덮어주었다.

방범창! 그것은 안전을 지키기 위해서 설치한 것이지만 그것으로 인해 화를 당하는 이중성을 갖는 카멜레온이었다. 그리고 방범창 설치에 세심한 주의가 필요하다는 생각이 들었다. 그리고 주택가의 소방도로는 항시 확보해야 한다고 각종 매스컴에서 그렇게 외쳤건만 오늘도 구호에 지나지 않았음을 절감하는 날이었다.

지금도 비는 그칠 줄 모르고 내리고 있다.

화재진압 촬영 장난이 아니네!

모 방송국에서 소방관들의 화재현장에서의 애환과 정열을 다룬 프로그램을 제작하기 위해서 방송국 관계자들이 우리 사무실을 방문했다.

그들 중에는 요사이 인기 있는 여자 탤런트가 있었는데 그가 주인공 소방관으로, 화재를 진압하는 것으로 설정되어 있었다. 담당 PD는 사실적인 연출을 하기 위해서는 건물이 필요하고 그곳에서 직접 불이 나는 장면을 찍겠다는 거였다. 그러기 위해서는 빈 건물이 있어야겠다는 생각에 나는 변두리에서 철거예정 중인 건물을 알아냈고, 도시계획에 의한 철거예정이므로 관계기관의 협조가 필요하다고 해서 관계기관에 사용해도 된다는 승낙을 받았다. 특히 그 건물 주위는 넓은 공터여서 소방차 접근이 용이하여 촬영에 적합한 장소라 여겨졌다.

다만, 건물 뒤편에는 아직 이주하지 않고 사람이 살고 있는 오래된 기와집이 가까이 있어 불이 옮겨붙을 가능성이 있어 걱정되었다. 그 집은 겉은 흙벽으로 되어 있고 지붕은 낡은 기와로 된 토담집이지만 안은 가구를 만드는 공장으로 가연성 물품들이 빼곡히 차 있었다. 사전에 집주인에게 촬영한다는 내용과 시간을 알려주고 협조를 부탁하였다. 그리고 혹시 불똥이 튈 것에 대비하여 기와지붕에는 물을 충분히 뿌리고 만일에 대비하고자 물탱크 소방차에서 굵은 소방호스를 펼쳐놓고 소방관까지 배치하여 놓앉다.

 연출 장소는 철근콘크리트로 된 2층 건물이었다. 면적이 30여 평 정도 되는 장소로서 전에 중국 음식점으로 사용된 곳이었다. 장기간 음식점으로 사용된 흔적이 건물 내부 곳곳에서 발견되었다. 벽과 천장에 기름때가 두껍게 쌓여있었고 바닥에는 생활 쓰레기와 버리고 간 가구들이 널려 있었다. 창문에는 유리가 끼워져 있는데 먼지가 두껍게 쌓여있어 시야를 흐리게 했다. 여러 상황으로 보아 화재현장을 연출하기에는 충분한 조건이었다. 나는 불을 지피기 위해서 바닥에 흩어져 있는 잡나무들을 모아 그 위에 적당량의 석유를 부었다. 이제 모든 준비는 끝났고 촬영해도 된다는 것을 알려주는 일만 남았다. 나는 가지고 있던 휴대용 무전기를 이용하여 근처에서 소방차와 함께 출동대기 중인 방송국 직원에게 알렸다. 잠시 후 불을 지피라는 소리가 무전기를 통해서 흘러나왔다. 나는 종이에다 불을 지피고는 석유 위에다 던졌다. 그리고는 즉시 출동하라고 무전기를 통해 외쳤다.

 불은 바닥에 쌓여있던 나무들을 서서히 태우더니 순식간에 벽으로 옮겨 붙었다. 그리고는 천장으로 급속히 연소하기 시작하였다. 순식간에 일어난 일이었다. 수많은 화재현장을 출동하여 화재를 진압하였지만 직접 불을 지피고 불이 번지는 모습을 가까이에서 목격하기는 처음 있는 일이기도 했다. 불이 이렇게 빨리 번지며 무서운 것인지 직접 체험한 것이다.

 천장으로 연소하던 불은 주방으로 옮겨가더니 금방 2층 전체가 불에 휩싸이면서 펑! 펑! 유리창이 터지고 깨지는 소리가 나면서 붉은 불기둥이 창문으로 분출하고 있었다. 실내에 부착되어 있던 목재가 분해 연소하면서 탁! 탁! 거리는 소리는 불이 최성기에 이르고 있음을 알려 주고 있었다. 불과 5분도 안 되어 벌어지는 광경이었다. 순간, 덜컥 겁이 났다. 불똥이 건물 뒤쪽의 창문에서 토담집으로 떨어지기 시작한 것이다. 사전에 배치되어 있던 수관을 이용하여 건물 뒤에 설치된 작은 창문과 주택의 지붕에다 번갈아 가면서 방수를 시작했다.

"왜 이리 빨리 오질 않는 거야!"

불이 최고조에 달하였음에도 가까이에서 대기하고 있던 소방차가 오질 않자 마음이 급해져 낸 외침이었다. 화재훈련이 실제 화재로 될 수 있는 상태였기 때문이다. 소방관이 불을 냈다고 내일 아침신문에 대서특필될 수 있는 뉴스거리였다.

휴대용 무전기에 힘을 주고 말했다.

"진짜 불! 신속 출동 바람!"

곧이어 소방차와 소방관 그리고 주인공인 여자 탤런트가 도착했다. 소방차량에 연결되어 있는 소방호스를 끌고 2층으로 진입하면서 화재 진압을 실시하였다. 필사의 방어로 불은 사그러지기 시작했고 결국 불은 꺼지고 말았다. 아슬아슬한 시간이었다. 촬영은 만족스럽게 되었지만 과정은 참으로 위험했었다. 얼굴이 시꺼멓게 그을린 여자 탤런트는 "화재 진압 장난이 아니네."라며 정말 힘들다고 말하였다. 정말 장난이 아닌 하루였다.

초가집 화재의 비밀

시내에서 멀지 않은 곳인데도 시골같이 느껴지는 마을이다. 대도시에도 이런 곳이 있다는 것을 적은 수의 사람들만이 알고 있을 한적한 마을이었다. 폭이 좁은 길가 옆에는 메마른 논이 있고 밭에는 비닐하우스들이 겹겹이 또는 홀로 흉물스럽게 자리를 잡고 있다. 마을이라곤 초가와 기와집이 서너 채 모여 군락을 이루고 거기서 조금 떨어진 곳에 집들이 모여서 마을을 이루고 있다. 또한 간간이 마을과 외롭게 떨어져 있는 집들도 보인다. 전형적인 시골 마을의 모습을 한 도심 속의 시골이었다.

그 가운데 쓰러질 것 같은 간난이 할머니의 초가집이 위치해 있다. 이곳에서 할머니가 마흔을 훌쩍 넘긴 아들과 같이 살아온 지도 십수 년이 지났다. 결혼도 하지 못한 아들은 일 년에 서너 번 정도 잠시 집에 들렀다가 다시 떠나곤 하여 할머니의 마음을 아프게 하곤 했다. 깊이 파인 이마의 골은, 힘들게 살아온 노파의 상징이었다. 오늘도 할머니는 일하러 간다며 집을 떠난 아들의 소식을 기약 없이 기다리고 있다. 벌써 소식이 없는 지 서너 달이나 되었다. 이런 일이 어제오늘 일이 아니라는 것을 할머니는 알지만 남편과 사별한 후 제대로 가르치지 못했고 나이 사십을 넘어서도 하루하루 노동일에 의지하며 살아가는 자식의 삶이 자신 때문이라고 늘 죄책감으로 가슴이 저리다.

오늘도 혹시나 아들이 오면 쉴 수 있도록 아랫목을 따스하게 해줘야 한다는 생각으로 군불을 지핀다. 밤이 늦도록 초가집 문밖에서 할머니는 아들을 기다렸으나 싸늘한 밤공기만이 노파의 뼛속을 파고들뿐 주위는 고요하기만 하다. 간혹 개의 울음소리만이 적막을 깰 뿐이었다.

청각이 무뎌진 노파에게도 개의 울음소리는 한 줄기 빛이며 희망이었다. 심야에 아들이 술에 취해 노래를 부르며 집으로 향하는 소리가 멀리서도 들려왔고 이어서 개들이 덩달아 울부짖는 소리를 노파는 종종 경험했던 것이다. 그러나 오늘의 개소리는 그것이 아니었음을 경험으로 알 수 있었다. 그러나 오랫동안 소식이 없는 자식이라 그리움과 불안감이 노파의 머리에 떠나질 않았다. 자정이 한참 넘어버린 시간에 할머니는 오지 않을 것이라 단념하고 잠자리에 들었다.

그 시각, 소방파출소의 사무실은 소내 근무자의 컴퓨터 자판을 두드리는 소리만이 고요한 청사를 깨우고 있었고, 직원들의 널따란 대기실에는 깊은 잠에 빠져 있는 직원들의 코 고는 소리와 숨 쉬는 소리가 출동 대기실의 적막을 흔들고 있었다. 불과 몇 시간 전에 문구점의 화재를 진압하고 왔기에 더욱 피곤함에 묻혀있는 것이었다.

순간, 사무실과 청사내외에 설치되어 있는 지령 앰프가 동시에 진동을 했다.

"화재출동! △△동 주택화재 화재출동!"

대기실에서 잠을 자고 있던 대원들이 동시에 이불을 박치고 일어났다. 그리고는 각자의 출동차량에 승차하였고 방화복 등 개인 안전장구 착장에 손과 발이 바쁘게 움직였다. 출동차량은 경광등과 전조등, 그리고 사이렌을 취명하면서 한적한 도심의 도로를 질주하고 있었다.

좁은 도로를 힘겹게 지나자 화재현장이 나타났다. 화재장소를 알려주기나 하듯이 컴컴한 밤하늘에 멀리서 불꽃이 발하고 그 사이로 흰 연기가 피어오름이 보였다. 화재현장 주위에는 소방차의 사이렌 소리에 놀라서 나와 있는 마을 주민들이 간간이 보였다.

선착대인 우리 출동대는 후미의 출동차량의 부서 위치를 생각하면서 적당한 장소에 주차하였다. 동시에 소방차량에 적재되어 있는 수관을 길게 전개하여 화점을 향하여 방수를 시작했다. 손에 쥐어져 있던 관창에서 물살이 힘차게 뿜어져 나왔다. 그러자 커다랗던 불기둥이 점점 작아져 갔다. 그러나 볏짚과 흙으로 만들어져 있는 초가집 지붕에서 연기가 솟구쳐 오르는 것이 보였다. 불이 천장까지 번진 것이 틀림없었다.

일부 대원이 볏짚으로 덮여있는 초가집의 지붕에다 물을 뿌리기 시작했다. 그러나 물은 지붕 속으로 침투하질 않고 겉만 적시고 흘러내릴 뿐이었다. 이런 경우는 볏짚을 하나씩 들추어내며 진화하는 방법이 적당했다. 진화 시간이 오래 걸릴 것이란 생각이 스쳤다. 지붕으로 올라갈까 하다가, 흙과 볏짚으로 만들어져 있는 지붕으로 오른다는 것은 위험한 일이란 생각이 들었다. 언제 무너져 내릴지 모를 일이기 때문이다. 더구나 물이 먹은 지붕이기에 더욱더 위험했다.

나는 수관을 끌고 창문을 통하여 방으로 들어갔다. 그리고는 천장에서 연소 중인 불을 향하여 방사를 시작했다. 잠시 후 불이 사그라들었고 잔불 작업을 하기 위해 집을 받치고 있는 기둥에 몸을 기대고 분무 주수를 하고 있을 때였다.

와르르-르 소리와 함께 흙과 볏짚 그리고 지붕을 받치고 있던 썩은 나무 기둥이 불을 끄고 있던 내 앞에서 무너져 내렸다. 순간, 나는 손에 들고 있던 관창을 내던지고 몸을 기면서 밖으로 빠져나오려고 안간힘을 다했다. 그러나 마음은 도망치고 있었으나 몸에 붙어있는 발이 앞으로 나가질 않는 느낌이었다.

"어떻게 된거 야! 수관이 창문으로 들어가 있잖아."
"누구야! 누가 들어간 거지? 누가 깔렸는지 빨리 인원 파악해 봐!"
"구조대는 즉시, 구조 실시해!"

밖에서 화재진압을 지휘하던 진압대장의 상기 어린 목소리가 귓가에 희미하게 들려왔다. 나 때문에 대원들 모두가 걱정하는 모습이었으나 나는 모든 것이 이상이 없는 상태였다. 다행히도 기둥에 기대어 작업했기 때문에 그 기둥을 제외한 지붕이 무너져 내린 것이다.

대원들을 안심시켜야 했다. 나는 휴대한 무전기로 안전하다는 것을 대원들에게 알려주자 밖에서 환호의 목소리가 터져 나왔다. 화재는 초가집 반채를 태우고 진화되었다. 집주인인 칠순 노파의 얼굴에는 체념한 것인지 무엇인지 알 수 없는 무표정으로 나를 맞이했다.

집으로 들어올 아들을 위하여 부엌의 아궁이에 불을 지폈고 불씨가 옆에 쌓아둔 장작더미로 옮겨붙어 불이 난 것이었다. 아들 생각에 불씨 관리를 하질 못한 것 같았다. 이런 경우 어떻게 위로해야 좋을지 생각이 나질 않았다. 가슴이 답답해져 오면서 슬픔이 파고들었다. 그나마 인명피해가 없어 다행이었다. 이렇게 심야 시간에 불이 나면 인명피해가 발생하는 경우가 많기 때문이다.

"할머니! 오늘은 인근 주민 댁에 머무르시고요, 동이 트면 동사무소에 제가 연락을 해드릴게요."

나는 최소한의 위로를 해드리고 다음 출동을 위하여 귀소를 하여야 했다. 사무실로 돌아온 후 수관 및 각종 개인장구 세척을 실시했고 출동차량에 출동 물품들을 적재했다.

하늘에는 별들이 초롱초롱 빛나고 있었다. 잠자리에 들려 하니 좀처럼 잠이 오질 않았다. 이러다 오늘도 밤을 뜬눈으로 새울성싶다.

노파의 앞날도 걱정되었지만 화재 진압현장에서 초가지붕이 무너져 내려 죽을 뻔한 생각이 자꾸 떠올랐다.

"초가집 화재는 지붕에 물이 많이 먹으면, 중량을 이기지 못하고 순간적으로 무너져 내릴 수밖에 없는 거야!"
"정말, 오늘은 운이 좋았어!"

이런저런 생각을 하면서 불행한 이들에게 더 이상 고통이 없기를 소원하였다.

호랑이 굴 속에서의 정신차림

화재현장에 도착했을 때 지하인 단란주점에서 내뿜는 연기로 인하여 그 일대가 마치 짙은 안개에 갇혀 있는 듯하였다. 경찰관들은 교통사고라도 날성싶어 호각과 신호봉을 들고 이리저리 차량 사이를 오가며 교통정리를 하고 있었다. 그리고 우선적으로 소방차의 원활한 통행을 위하여 다른 차량들을 제지하는 모습에 고마움마저 들었다.

"화재장소가 어디예요?!"

모여 있는 군중을 향하여 나는 외쳤다. 그러자 사람들 속에서 짧은 스커트 차림의 아가씨가 다가와 "저기예요!" 하면서 손을 들어 방향을 가리켰다.

"안에 사람이 있습니까?"

소방호스를 펼치면서 그녀에게 되물었다.

"사람은 없을 거예요!"

사람이 없다는 소리에 안도감이 들면서 잠시나마 여유가 생기는 순간이었지만 혹시나 하는 마음이 고개를 들었다. 신속히 지하인 단란주점으로 진입하려는데 농연이 뿜어져 나와서 공기호흡기에 부착된 플라스틱 투명 면체의 시야를 흐리게 했다.

정말 한 뼘의 앞도 보이질 않는 상태였다. 그나마 불길과 뜨거운 기운이 느껴지질 않아 다행이었다. 연기 투시용 랜턴으로 비춰가며 계단을 조심조심 내려갔다. 그러나 연기 투시용 랜턴도 이런 상황에서는 커다란 도움이 되질 않았다. 한참을 내려왔다는 느낌이 들건만 발의 촉감은 계속해서 계단에 머물러 있었다.

"자세는 낮추고, 수관(소방호스)을 절대 놓지 말고 진입할 것!"

대원들에게 안전에 대한 지시를 했다. 왜냐하면 지하실 화재 시에는 소방호스를 또는 대원들에서 이탈하면 위험에 처할 수 있기 때문이었다. 지상에서는 배연차가 도착하여 배연관을 연결, 배연을 실시하고 있다는 소식이 휴대용 무전기를 통해 흘러나왔다.

작은 방들이 손의 촉감을 통하여 느껴질 때 어느새 주점의 실내로 진입하고 있음을 알 수 있었다. 그러나 불길은 발견되질 않았고 열기 또한 평상시 지하실 화재 때 보다 덜한 느낌이었다.

"화점이 보이질 않아, 어떻게 된 거야!"

지하의 농연 속에서 외쳤다. 이러한 행동은 짜증스러움의 표현이기도 하지만 소리를 내줌으로써 대원들이 어둠 속에서 혼자가 아니라는 위안과 함께 대원들 간의 위치를 확인하는 것을 경험으로 터득한 행위였다.

휴대용 랜턴으로 비춰가며 더듬더듬 앞으로 진입할 때 열려있는 방문이 촉감을 통하여 느껴졌다. 요구조가 있을 것 같다는 느낌이 들어 방 안으로 들어갔다. 한발, 한발 걸음 수를 머릿속으로 세었고 나갈 때는 대비하여 들어온 방향을 상기시키면서 조심조심 랜턴으로 비춰가며 손과 발 그리고 귀, 몸의 모든 감각 기관을 동원하여 어둠 속에서 죽음과 사투를 벌일 누군가를 찾았다. 그러나 음식을 놓은 탁자와 푹신한 소파들만이 제자리를 지키고 있을 뿐, 사람은 없어 보였다. 다행이다는 생각과 함께 돌아서 나오려는데 안으로 들어왔던 입구가 보이질 않았다.

"앗! 어떻게 된 거야, 문이 없어지다니."

순간 등골이 오싹하면서 공포감이 엄습해왔다. "침착하게 다시 한번 입구를 찾아보자.", "분명 정확히 역순으로 나왔는데." 공포감에 중얼거렸다.

마음을 진정시키고 더듬거리며 입구를 다시 찾기 시작했다. 칠흑 같은 방 내부에서 문을 찾기란 여간 어려운 일이 아니었다. 더군다나 대원과 떨어진 상태에서 혼자란 생각이 들자 공포감은 더욱더 머릿속을 파고 들어왔다. 그러나 방향감각을 잃어서일까? 좀처럼 문을 찾을 수 없었다.

'이러다 시간이 지나면, 공기호흡기의 공기가 떨어져서 결국 죽는 건가!', '직원들이 빨리 나를 발견할 수 있을까. 더욱이 여긴 밀폐된 실내여서 공기호흡기에 공기가 떨어지면…', '그래! 5분만 버티면 연기가 빠져서 나를 발견할 수 있을 거야, 조금만 견뎌보는 거야.'하고 위안 삼아 보지만 공포감에 휩싸이는 것은 어쩔 수 없었다. 시간이 지날수록 두려움이 더해가면서 지나온 일들이 주마등처럼 스쳐 지나갔다. 그리고 지금 집에서 아빠를 기다리고 있을 아이들과 아내의 모습이 떠올랐다.

바쁘다는 핑계로 많은 시간을 같이 보내지 못한 것에 대한 미안한 생각이 떠올랐고 괜스레 사람을 구해 보겠다고 혼자 떨어져 나온 것에 대한 후회도 밀려왔다.

사실 지하실 화재에서의 인명구조는 2인 1조로 활동하는 것이 전술상의 원칙이다. 이를 무시한 독단적인 행동은 항상 위험이 따르는 것이다. 지금 와서 후회한들 무슨 의미가 있겠는가, 현재는 이곳을 탈출하는 것이다. 유일한 것임을 거칠어지는 숨결 소리가 가슴을 조여 왔다. 어깨에 메고 있는 공기호흡기 봄베의 무게가 점점 가벼워 오면서 두려움은 더욱더 커갔다.

"누구 없소…!"

쾅! 쾅! 쾅! 큰소리로 외치면서 벽을 정신없이 두드렸다. 그러나 밖에서 누구 하나 나의 존재를 의식해 주질 못했다. 공포감은 시간이 흐를수록 심해져 왔다. 그럴수록 나의 영혼은 점점 무너져 갔고 어떻게든 이 고통의 늪을 탈출해야 한다는 생각도 무뎌져만 갔다. 순간, 내 손에 무전기가 쥐어져 있음을 느낀 것은 어디선가 작은 소리가 들리면서였다. 화재진압이 완료되었다는 무전기에서의 소리였다.

"휴…!"

긴 한숨은 살았다는 기쁨의 소리이기도 했다. 나는 무전기로 내실에서 입구를 못 찾고 있으니 구조를 바란다는 내용의 메시지를 보냈다. 잠시 후에 문이 열리면서 희미한 불빛이 나타났다. 대원들이었다. 희망이 이런 것이란 것을 처음으로 느끼는 순간이기도 했다.

문밖으로 나오자 배연차에 의해서인지 처음보다 연기는 많이 빠졌지만 그래도 실내는 혼탁했다. 다시 대원들과 발화장소로 추정되는 곳으로 가서 잔불작업을 시작했다. 간이 무대를 설치하고 그 옆에 노래방기기와 각종의 전기제품들이 형체를 알아볼 수 없게 기이하고 흉물스럽게 녹아 있었다.

전기합선으로 화재가 발생한 것 같았다. 철수보고를 마치고 대원들에게 내실의 문이 닫혀 있던 까닭을 물어보았다. 이때, 젊은 후배가 미안한지 머뭇거리며 말하기를 어둠 속에서 더듬으며 앞으로 나가려는데 문이 열려있는 것이 보여서 닫았다는 얘기를 하는 것이었다.

그 속에 사람이 있는지 소리라도 한번 외치고 닫았으면 좋았을 텐데 말도 없이 문을 닫았으니 얼마나 위험한 행동을 한 것이냐며 야단을 쳤다. 그리고 앞으로 화재현장에서는 최대한 보존상태를 유지한 채 진압활동을 하라고 알려주었다.

오늘은 호랑이 굴에 들어가도 정신만 차리면 살 수 있다는 경험을 한, 긴 하루의 화재진압 활동이었다.

위기의 사람들 2

■ 기고

쥐불놀이와 화재예방
생명의 소리
소방도로 제자리 찾아주기
숭례문 화재가 주는 교훈
사라지는 것을 막는 것이 소방
방환미연(方患未然)의 유래
소방의 날 생각하며
열쇠의 비밀
다 같이 사는 세상
방화는 범죄다
화재로부터 내 집을 지키자
긴급출동 차량에 양보를
전기 히터봉 안전하게 사용하자
119 허위신고 '그만'
안점점검은 계속되어야 한다

주택 스프링클러 설치운동
목조건물 화재의 비밀
안전불감증 이제는 그만
방화와의 전쟁
부주의가 화재를 부른다
다중이용업소 불이익 없기를
비상구 찾아주기 생활화하자
소방방재청 반드시 신설되어야
119구급대원을 슬프게 하는 것들
재난 관련법 통합, 정비돼야
혈소판 제공한 119
이 몸이 죽고 죽어 무엇이 될꼬 하니
소화기 강매·수거 조심
소화기 주고받기
위험한 지하철화재

비상구 유지관리 만전을 기해야
소방차 출동과 벌금 걱정
화재예방 안전수칙 생활화
목조건물 화재 진화의 어려움
아파트 화재 땐 연기부터 차단
옛 추억의 불조심 리본
태풍과의 전쟁 대비하자
누전 차단기 설치 여름철 화재예방
구급차와 접촉사고로 이득을 취하려 하다니…
화재예방이 물 절약
화재 신고는 신속 정확하게
겨울철 건조기에 산불예방
화재 많았던 신사년 한 해
신속한 화재진압은 소방도로가 우선
재난수습 중추기관 자리매김

아빠 발 씻어드리기
살신성인(殺身成仁) 정신 잊지 말자
소방도로는 생명길
소화전에 주인의식 갖자
악조건에 일하는 남편 자랑스러워
주점(酒店) 비상구 폐쇄 위험천만
매사 불조심 체질화하자
소방의 날 적극 참여
현명한 119 신고요령을 알자
전기 감전에 의한 화상환자
단순사고 119 구조요청 자제
자율과 책임 있는 의식으로 119구급대 이용
한 해를 돌아보며
119 이용 시민정신 아쉽다

쥐불놀이와 화재예방

 오래전 정월 대보름날이 되면 동네 공터에서 어린 꼬마들은 깡통에 구멍을 군데군데 뚫어놓고 깡통 안에다가 잡목쓰레기를 넣고 불을 지핀 다음, 깡통에 연결되어 있는 철사 줄을 돌리면 어두운 밤에 불꽃이 원을 그리면서 춤을 추는 모습에 신나게 밤을 지새곤 했었다.

 깡통을 돌리는 놀이가 지루해질 때쯤, 불씨가 담겨있는 깡통을 누가 더 멀리가나 던지는 위험한 놀이로 이어졌고 결국, 깡통이 전봇대 위에 있는 변압기에 닿아 일을 내고 마는 경우도 종종 있었다. 이처럼 오래전부터 음력 정월 대보름이 되면 애들이나 어른이나 저마다 한 해의 소원을 바라는 마음으로 놀이를 즐겼다. 그중에서도 대보름날에 앞서 쥐불놀이를 하게 되는데 이는 쥐불이라 하여 마을 부근의 논두렁과 밭두렁에 볏짚을 흩어놓고 해가 지면 일제히 불을 놓아 잡초를 태운다. 들판에 불을 놓는 이유는 쥐의 피해가 심하므로 쥐를 박멸하기 위한 것도 있지만 논밭의 해충을 제거함으로써 새로운 식물이 잘 자라도록 하는 조상의 지혜가 담긴 농경문화이기도 하다. 쥐불의 크기에 따라 그해의 풍년 또는 마을의 길흉을 점치기도 해서 각 마을이 다투어 불의 크기를 크게 하는 풍습이 있었다고 한다. 과거 농경시대에는 주거가 밀집되어 있지도 않았고 마을과 마을이 일정한 거리가 유지했기에 쥐불놀이 문화가 가능했으리라는 생각이 든다. 오늘날에는 주택이 밀집되어 있고 논이나 밭도 주택과 근접해 있어 쥐불놀이도 예전 같지 않다. 쥐불놀이를 할 때에는 날씨와 습도 풍향 풍속에 따라 엄청난 재앙으로 다가올 수 있기에 세심한 주의가 필요하다. 기억하기 싫은 일이지만 2009년 2월 경남 창녕군 화왕산에서 열린 억새 태우기 행사에서 수많은 사상자가 발생한 것이 좋은 예일 것이다. 며칠 뒤면 정월 대보름이다. 조상의 지혜를 기억하되 화재예방을 한 번 더 생각하여 안전한 날이 되었으면 한다.

【수도일보, 2016년 2월 19일 기고문】

생명의 소리

어릴 적 내가 살던 집은 높은 언덕에 위치한, 달과 가까운 달동네였다. 텔레비전이 없던 시절이라 늦은 시간까지 아이들의 놀이는 좁고 꼬부라진 골목길 길에서의 술래잡기가 최고의 즐거움이었다. 방범등도 없는 어둡고 좁은 골목길을 비추는 것은 하늘에서 비치는 달빛이었고 그 달님을 벗삼아 아이들은 시간 가는 줄을 모르고 온 동네를 웃고 떠들며 시끄럽게 휘젓고 다녔다. 늦은 밤이었음에도 누구 하나 아이들에게 야단치는 어른들은 없었다. 당시에는 이해가 안 가는 부분이었지만 지금 생각해 보면 이해가 가기도 한다. 어른들이 피곤도 할 테고 내일의 고단한 삶을 위해 잠을 자야 하지 않는가! 그래서 우리 동네어른들은 모두가 아버지였고 어머니였다는 생각이 든다. 아이들이 놀이터 없는 좁디좁은 길과 쉴만한 공간이 없는 집안 형편 등을 생각하며 속으로 아픔을 삭여야 하는 우리네 부모님들에게 그나마 아이들의 웃음소리는 어른들에겐 큰 기쁨이 아니었을까. 아이들이 떠드는 소리가 멈추게 된 것은 우리 엄마의 큰소리가 나를 부르면서였다.

"어서 와! 닦고, 밥 먹어야지!"

아~앵~앵! 소방차에서 울리는 사이렌 소리가 깊은 밤공기를 갈랐다. "어디 불났나 봐요!" 사이렌 소리가 어찌나 크던지 부모님들의 대화가 깊은 잠에 빠져있던 나의 귓속에 전해져 왔다.

"쯧쯧! 어느 댁인지 안됐네요, 빨리 꺼야지."

사이렌 소리는 점점 크게 들려왔다. 밖에서 웅성거리는 사람들의 소리가 들려오기 시작했다.

"저 아래 오씨네서 불이 났대."

누군가의 목소리에 집 밖으로 나왔을 때 어둠 속에서 붉은 빛을 발하는 창영이네 집이 보였다. 좁은 언덕길이라 소방차의 접근은 어려워 불을 끄기에는 많은 시간이 걸릴 거라는 것은 누구나 알고 있었다. 아래에서 난 불의 불티가 우리 집으로도 날아오고 있었다. 심야임에도 동네어른들은 물론이고 아이들까지 모두가 물을 퍼 나르기 시작했다.

일부 용감한 어른들은 창영이네 집에 물을 퍼붓기 시작했고 다른 사람들은 자기 집 지붕 위로 올라가 바람에 날리는 불티를 끄기 위해 지붕에 물을 뿌렸다. 온 동네 사람들의 노력으로 옆집으로의 불이 번지는 것을 막을 무렵 소방대가 도착하였다. 물론 우리 집도 안전할 수 있었다. 지금 생각하면 아찔했던 추억이다. 난 그때 소방차의 사이렌 소리를 잊을 수가 없다. 그 소리가 우리의 부모님을 깨웠고 동네어른들을 깨워 화재를 진압할 수 있었다고 생각하기 때문이다. 소방관이 된 요즘 소방차의 사이렌 소리가 시끄럽다고 도심지 아파트 사는 주민들이 사이렌 소리를 작게 해달라고 한다. 주민들의 편의를 생각하여 먼 거리를 지나면서 소방차 사이렌을 취명하기도 한다. 소방차의 사이렌은 주민들에게 화재의 경각심을 일깨워주는 면도 있지만 아파트의 경우 옆집에 불이 난 것도 모르고 있다가 소방차가 온 것 보고 대피하듯이 피난의 역할도 해 주며 도로에서는 우선해서 운행해야 한다는 경고의 메시지이기도 하다. 법에서는 소방차는 출동할 때 사이렌을 취명하도록 해야 한다고 명시되어 있다. 소방차의 사이렌이 소음이라는 생각이기 전에 생명의 소리라는 생각의 전환이 필요하지 않을까 생각해 본다.

어제는 제53주년 소방의 날이었다. 소방의 날에 어릴 적 생각해 보니 그래도 그 시절이 그리워진다.

【아시아 뉴스통신, 2015년 11월 10일】

소방도로 제자리 찾아주기

　오래전 일로 기억된다. 늦은 오후 가스폭발 사고란 출동지령을 받고 신속히 현장에 도착했을 때 다가구가 사는 반지하의 주택은 아수라장이 되어 있었다. 앞에 커다란 유리문과 뒤 베란다의 유리창은 깨어진 채로 거실에 흩어져 있고 일부 유리 파편들은 밖으로 튕겨져 나와 사람들을 위협하고 있었다. 작은 거실에는 깨어진 유리조각과 벽에 걸려 있던 거울마저 파손되어 나동그라져 있었고 전기밥솥은 원래의 모습을 잃고 변형되어 흉물스럽게 다른 옷가지들과 함께 뒤엉켜 있었다. 그 옆에는 휴대용 가스레인지의 몸체에서 분리된 작은 가스통이 밑이 빠진 상태로 입을 벌리고 있었다.
　한눈에 가스폭발임을 알 수 있는 상태임에도 인명피해와 화재가 발생하지 않은 것이 이상할 정도였다. 집주인으로 보이는 허름한 차림의 남자는 자신도 어떻게 된 영문인지 모르겠다는 표정으로 멍하니 서 있었다.
　폭발 원인조사를 위해 남자에게 질문을 했다. 밥을 짓기 위해서 전기밥솥에 물과 쌀을 넣었는데 전기밥솥이 고장이 났기에 불로 취사하고자 휴대용 가스레인지에 전기밥솥을 올려놓고 불을 켰다. 그리곤 밥이 될 때까지 자투리 시간을 이용하여 인근 반찬가게에 갔다 오니 난리가 난 것이라고 집주인은 담담하게 설명했다.
　전기밥통을 살펴보니 밥통의 외형 물질은 금속이 아닌 플라스틱으로 만들여져 있었고 밥솥의 일부가 불에 타다만 흔적이 발견되었다.

결국 폭발 원인은 플라스틱의 밥솥이 불에 닿아 녹으면서 점액의 불똥이 가스통 위에 떨어지면서 전도열에 의해 가스통이 견디지 못하고 폭발한 것으로 결론을 내렸다.

전기밥솥은 전기로 사용해야 안전하다. 전기제품은 전기(電氣)에, 가스용품은 규격에 맞는 가스사용 때에 빛이 난다. 모든 것들이 제자리에 있을 때 편리하고 안전하고 효율적인 것이다. 박찬호 선수가 축구를 하고 박지성 선수가 야구를 한다면 지금의 그들이 있었겠는가.

지금 소방관서에서는 소방차 전용차로제를 시범 운용하고 있다. 전용차로제란 편도 3차로 이상의 도로 중 2차로를, 편도 2차로일 경우 1차로(편도 1차로일 경우 일반 차량은 우측 가장자리에 일시 정지)를, 긴급출동 시 소방차가 도로를 이용토록 하는 제도이다. 소방 출동길은 생명길이다. 긴급소방차가 제자리를 찾아 본연의 임무를 완수할 수 있도록 시민 여러분의 소방차 길 터주기에 적극적 참여를 기대해 본다.

【 2015년 3월 화재뉴스를 보면서…】

숭례문 화재가 주는 교훈

2008년 2월 10일, 서울 한복판에서 일어났던 역사의 현장을 우리는 생생하게 기억합니다. 국보 1호인 숭례문이 방화로 인하여 불에 타면서 한순간에 무너지는 모습은 600년이 넘는 건축물이라곤 믿기 어려울 만치 허무 그 자체였습니다. 긴 세월의 무게가 무너지는 순간 우리의 혼과 얼도 함께 무너지는 아픔을 느꼈습니다. 문화재는 우리의 역사입니다. 역사는 우리의 선대가 살아온 방식이며 축적된 지혜의 기록입니다. 그러므로 문화재를 지키며 보호하는 것은 과거에 우리 선대들이 우리에게 하였듯이 우리도 후대에 정신적, 물질적인 지혜를 제공하여 그들이 더 좋은 세상을 추구하도록 하기 위해서입니다. 문화재를 화재, 분실, 도난, 도굴로부터 지켜내고 잘 보존하는 것이 얼마나 중요한지 숭례문 화재란 커다란 대가를 치른 후에야 깨달았습니다.

우리나라에는 많은 문화재들이 산재해 있고 강화지역만 해도 123개소의 크고 작은 국가 또는 시·군의 문화재가 분포되어 있습니다. 숭례문 화재 이후 문화재를 화재로부터 지켜내고자 소화기는 물론 신속히 진압하는 방수총과 산불의 접근을 차단하는 살수설비를 설치하였고 도난방지 및 방범 기능을 위하여 CCTV 설치와 화재를 조기에 감지할 수 있는 화재 감지기 등을 설치하였습니다.

이렇게 설치한 소방시설이 정상적, 지속적으로 사용가능하기 위해서는 평상시 정기적, 반복적인 장비 조작훈련과 시설점검 등을 해서 최고의 가동상태를 유지해야 합니다.

그래서 화재진압훈련, 문화재 반출훈련 등으로 신속한 화재진압과 문화재 보존에 노력하여왔고 소방, 전기, 가스 등의 유관기관이 합동으로 정기적인 안전점검을 하는 등 보호에도 관심을 가져왔습니다. 이 모든 것들이 문화재를 재난, 재해로부터 지켜내고자 하는 소방관서 및 관계기관의 노력이었습니다.

더욱 중요한 것은 유사시 소방대가 오기 전에 현장에서 이루어지는 장비 조작 사람의 활동이 승패를 좌우한다는 것입니다. 왜냐하면, 화재는 시간과의 싸움이기 때문입니다. 그러므로 문화재에서 근무 또는 상주하는 관계자분들의 관심이 최우선하는 것이지요.

2월 10일은 '문화재 방재의 날'입니다. 올해 처음 맞는 날로서 문화재 재해 예방에 대한 국민들의 의식을 높이고 방재훈련을 효율적으로 하기 위해 제정하였습니다.

지금으로부터 3년 전, 숭례문 화재의 악몽을 재현하지 않기 위해 국민 여러분의 적극적인 참여와 관심을 바랍니다.

【인천신문, 2011년 2월 8일 오피니언】

사라지는 것을 막는 것이 소방

 도심에서 한 여인이 길을 걷다가 갑자기 쓰러진다. 잠시 후 어디선가 출처를 알 수 없는 구급차가 현장에 도착하고 건장한 사내들이 구급차에서 내린다. 그리곤 의식을 잃고 쓰러져 있는 여인을 구급차에 싣고 사이렌을 울리며 구급차는 유유히 사라진다. 근처에 있던 사람들은 그녀가 무사하길 바랄 뿐이다.

 구급차가 도착한 곳은 병원이 아닌 도심 외곽의 허름한 건물, 의식 잃은 그녀는 빛도 들어오지 않고 어둡고 음침한 실내에 희미한 조명만이 침대 위에 누워 있는 그녀를 비추고 있다. 그녀의 주위에는 당뇨병 치료에 필요한 자료를 얻기 위해 살아있는 그녀를 실험대상으로 이용하려는 인신매매 조직원들이 서성거리고 있다.

 지금으로부터 꽤 오래된 외국영화에 나오는 이야기로 기억된다. 시간이 많이 흐른 영화임에도 기억에서 지워지지 않는 것은 영화에서의 상상력이 현실 또는 미래에 닥칠 개연성 때문은 아닌가 해서다.

 오늘날 지구촌 어디에선가 가난하고 약하고 어려운 이웃들이 범죄자들에 의해 인신매매된다고 한다.

 건강한 사회란 하나뿐인 사람의 생명이 존중되고 지켜지는 사회가 아닌가 한다. 생명을 구하고 지켜내는 사회, 불법을 감시하고 배척하는 사회, 사랑과 이해와 포용이 넘치는 사회, 정의가 악을 이기는 세상이 우리가 원하는 세상이 아닐까 한다.

지금 거리에는 많은 구급차들이 사이렌을 울리며 질주하고 있다. 어디선가 위급에 처한 고귀한 생명을 구하고자 향하고 있다. 소방이란 단어는 사라지는 것을 막는다는 뜻이다. 화재로부터 재산을 막는 것도 중요하지만, 더욱 중요한 것은 위급할 때 사람의 생명을 어떠한 상황에서도 최선을 다해 구해 내고자 하는 의지와 믿음이 소방이다. 이러한 소명을 추구하고자 최선을 다하는 사람들, 119의 구조·구급대원들이다. 우리 사회에서 자신을 태워 빛을 발하는 촛불, 그들이 소방인이라고 말하고 싶다. 그들에게는 명예와 자부심이 생명이다. 그들에게 긍지와 힘을 실어 주어야 한다.

119구급대원들에겐 24시간 밤낮없이 위급한 생명을 구하고자 119구급차가 거리를 누빈다. 구급차에는 각종의 응급처치 장비가 실려 있고 무전기가 설치되어 있어 병·의원과 응급 및 보호자와의 네트워크가 형성돼 통화는 물론 짧은 시간 내에 현장에 도착해 소기의 목적을 완수한다. 우리나라의 어떠한 구급대보다도 신속성과 기동성, 전문성을 갖추고 있는 것이 119구급대이다. 더욱이 바른 서비스 정신과 건강한 정신을 갖추고 있는 구급대원들은 영화에서와 같이 소속이나 출처도 알 수 없는 구급차가 아님을 국민들은 알 것이다. 그러나 요사이 구급대원들이 현장에 도착하면, 일부 만취자나 사회 불평 불만자들에게 폭행을 당하는 일들이 종종 발생한다고 한다. 강력한 처벌이 있어야 한다.

구급대원들도 내 형제, 자매, 가족이라는 공동체 의식과 남을 배려하는 성숙한 시민의식이 숙성되어야 할 것이다.

우리 사회의 안전지킴이로 자리매김하며 빛을 발하는 119소방대원, 그들에게 큰 박수를 보내야 한다. 그들의 사기(士氣)는 결국 내게 기쁨이 되기 때문이다.

【아시아일보, 2010년 7월 6일 독자투고】

방환미연(方患未然)의 유래

어떤 사람이 남의 집에 손님으로 갔다. 그 집의 굴뚝이 너무 곧게 세워져 있는데 그 굴뚝에서 빨려 나가는 불길이 너무 세고, 더구나 굴뚝 바로 가까이에는 불에 잘 타는 나무가 더미로 쌓여있었다. 손님은 그것을 보고 매우 위험스러움을 느끼고 집주인에게 굴뚝을 굽히고 나무를 치워야 할 것이라고 알려주었다. 그러나 주인은 손님의 말을 듣는 체 만 체 했다.

얼마 안 가서 그 집에서 불이 났다. 이를 발견한 이웃들이 재빨리 달려와 불을 껐고 다행히 이웃들의 도움으로 집은 얼마 타지 않았고 큰 손해도 없었다. 주인은 불행 중 다행이라 생각하고 불을 꺼준 이웃들을 위해 소를 잡아 푸짐한 음식을 대접하고 고마움을 표시했다.

물론 불을 끄다 화상을 입은 사람을 제일 앞 좌석에 앉히는 등 그 당시 공로가 많은 사람 순서로 좌석을 배열하는 것도 잊지 않았다. 하지만 화재를 미리 방지하라고 권유한 사람은 초청도 하지 않았다. 그때 좌중에 있던 한 사람이 일어나 말했다.

"여보, 주인! 며칠 전 당신에게 권유한 그 사람의 말을 들었더라면 오늘 같은 화재는 면했을 것이오. 그리고 소 잡고 술을 장만하느라 많은 돈은 안 썼을 것 아니오. 불을 끈 우리의 공로에 크고 작음을 가지고 고마움을 베

푸는데 하물며 그날 위험하다고 알려준 그 사람의 고마움은 왜 몰라주시오!" 하고 말했다.

주인은 그 말을 듣고 얼굴이 뜨거워져 어쩔 줄 몰라 하다 결국 미리 경고했던 손님을 모시고 와서 제일 상석에 앉혔다고 한다. 방환미연에 대한 유래로, 재화를 당하기 전에 미리 막는다는 이야기이다.

소화전은 불을 끄기 위한 시설물이다. 특히 옥외 소화전은 화재 시 소방대가 물을 공급받기 위해 사용하는 중요한 설비로 적지 않은 돈을 들여 설치한 것이다. 화재 때 쓰기 위해 설치한 시설물로서 양쪽에는 물이 나오는 구멍이 있다. 이 구멍에는 황동의 암나사가 끼워져 있어 소화전 개방 시 물이 나오지 못하도록 밀폐되어있다. 소방호스를 한쪽에 연결하여 사용할 때 다른 한쪽으로 물의 유실을 막기 위함이다.

얼마 전 소화전 캡을 훔치던 범인이 잡힌 일이 있었다. 먹고 살기가 힘들고 고철값이 올라 생계형으로 범죄를 저질렀다 해도 더 큰 재산을 잃어버릴 수 있는 방환미연(方患未然)을 저해하는 행위로 볼 수 있지 않을까.

【인천신문, 2010년 2월 18일 독자의견】

소방의 날 생각하며

살신성인(殺身成仁)이란 자기의 몸을 희생하여 인을 이룬다는, 논어에 나오는 말입니다. 천안시 유량동에 위치한 태조산 아래에는 소방인들의 요람인 중앙소방학교가 있습니다.

학교 내 한편에는 국민의 생명과 재산을 각종 재난으로부터 지켜내기 위해 고군분투하다가 희생하신 분들의 혼을 기리기 위한 충혼탑이 있습니다.

2001년 3월 4일 서울 홍제동 다가구주택에서의 화재, 그날도 그곳엔 어김없이 소방관들이 있었습니다.

새까만 농연과 치솟는 불길 속에서 한 사람이라도 구해 내고자 소방인들은 불 속으로 뛰어들었습니다. 뜨겁게 달구어진 건물은 열기를 견디어 내지 못하고 무너져 내렸고 그 속에서 인명을 검색하던 젊은 소방관 6명도 건물더미에 묻혀 목숨을 잃었습니다.

안타까운 이 날의 사고를 계기로 순직하신 그분들의 살신성인 정신을 기리고자 해발 119M의 탑을 설치하였습니다.

탑 뒷면에는 소방관 306명의 이름이 새겨져 있습니다. 재난의 종류와 여건이 다를지라도 그들은 하나같이 주어진 일에 최선을 다했다는 공통점이 있습니다. 그들의 숭고한 정신이 있기에 오늘도 우리는 꿈을 이야기할 수 있는 것 아닐까요.

11월 9일은 47주년 소방의 날입니다. 이날은 전국적으로 각종의 행사가 열리겠지요. 그래도 먼저 가신 이들과 그 유가족들을 생각하는 날이 되었으면 합니다.

먼저 가신 분들의 명복을 빕니다.

【제47주년 소방의 날에 즈음하여…】

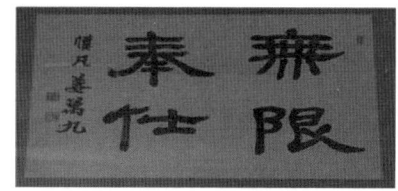

열쇠의 비밀

자물쇠를 열고 닫는 데 사용하는 금속기구가 열쇠다. 열쇠는 예로부터 자물쇠와 함께 문단속이나 귀중한 물품을 보관하고 잠그는 데 사용하였다.

서양에서는 BC 2000년 무렵 사원벽화에서 큰 칫솔 모양의 목재 열쇠를 사용하고 있었고 이것이 세계에서 가장 오래된 열쇠라고 한다. 오래전부터 사람들은 열쇠가 행운을 지켜준다고 믿어왔고 그리스 사람들은 우박 또는 싸라기눈 등의 피해를 막기 위해 밭이나 과수원 주위에 열쇠를 매달았으며 이탈리아, 프랑스 등 유럽의 여러 나라에서는 열쇠가 광견병, 경련 등에 좋다는 속설이 있었다고 한다. 또한 열쇠는 불을 끄는 주술로도 이용되기도 했다고 한다. 오늘날에는 외국의 귀빈들을 환영하는 표시로도 이용되어 행운의 열쇠란 이름으로 증정되기도 한다.

우리나라에서 현재까지 출토된 자물쇠와 열쇠는 삼국시대 이전의 것으로 확인되었다고 하며 열쇠나 자물쇠를 가구나 귀중품을 넣어두는 함 등 고급 공예품에 부착하기 위해 정교하게 만들어져 발달해 왔다.

오늘날에는 단순 금속으로 된 자물쇠 구멍에 열쇠를 넣는 형태를 넘어서 자물쇠와 열쇠가 일체형으로 되어 조합된 숫자를 눌러야 열리는 전자식과 지문을 인식해야만 열리는 지문인식 열쇠 등 종류도 다양하고 정밀하게 만들어져 있다. 이렇게 다양하고 복잡한 모양의 열쇠를 전문적으로 취급하고

위기의 사람들 2

다루는 공인된 열쇠관리사가 학원에서 양성되기까지 한다.

열쇠가 복잡하고 정교할수록 도난과 방범이라는 목적 달성에는 좋을지 몰라도 취급하는 사람들이 사용하기가 어려워진다면 빈대 잡으려다 초가삼간 태우는 격이 될 수 있다. 특히 숫자를 조합해야 열리는 구조의 열쇠는 나이가 많으신 어르신들에게는 기억력의 한계로 숫자를 외우지 못해 종종 당황하는 경우를 목격하게 된다.

얼마 전 나이든 어르신이 주방에서 가스 불 위에 음식물을 올려놓고 잠시 자리를 비웠다. 순간, 가스 불이 생각난 어르신이 집으로 들어가려 했으나 비밀번호인 숫자가 생각나질 않아 당황하던 중에 이웃 주민이 119에 신고를 했고 소방대가 도착하여 밖에 설치된 가스 밸브를 잠그고 창문을 통해 옥내로 진입하였다.

그 사이 음식물이 타면서 가스레인지 옆의 가연물로 불이 옮겨붙는 상황이었다. 다행히도 소방대에 의해 불은 소화되어 큰 피해는 없었지만 위험한 위기를 넘긴 것이다.

오늘날은 식생활의 향상으로 평균수명이 늘어나면서 질병, 기억력감퇴 등의 노인성 질환이 증가한다고 한다. 나이든 어르신과 생활하는 가족들의 세심한 관심과 주의가 필요하다.

【경인종합일보, 2009년 10월 16일】

다 같이 사는 세상

얼마 전 심야 시간, 창원시에 위치한 빌라에서 불이 나서 일가족이 숨지는 참변이 있었다. 부인은 불길과 연기를 견디지 못하고 5층에서 뛰어내렸으나 결국 사망하여 안타까움을 더했다. 서울의 한 아파트에서도 화재가 발생하여 불길을 피하려다 추락하는 일이 발생했다.

깊은 밤에 화재가 발생하였다면 불을 인지할 수 있는 능력이 떨어져 조기 피난과 소화가 어려워지므로 인명구조와 화재진압이 어려워진다. 특히 인명피해는 치명적이다.

그러므로 깊은 밤 화재는 더욱 신속함과 긴급함이 필요하다고 본다. 이렇게 최우선으로 출동해야 하는 소방대가 화재 신고를 받고 현장에 도착하기까지 시간이 그리 넉넉한 것은 아니다. 여러 형태의 걸림돌들이 도처에 있어 목적 달성을 저해한다.

소방차가 도로로 출동할 때 사이렌과 경광등을 취명하고 소방차에 부착된 앰프를 이용하여 피양 방송을 해도 나와는 상관없다는 듯이 소방차 앞에서 주행하는 운전자, 골목길을 주행하려면 좁은 도로에 불법으로 주차되어있는 차량으로 인하여 소방차는 더 이상 앞으로 나갈 수 없다.

할 수 없이 소방대원들은 소방차에서 내려 차량에서 무거운 진압장비와 인명구조장비들을 들고서 멀리 있는 화재현장까지 뛰어야 한다. 화재현장에 도착하면 소방대원들은 지쳐서 진압업무에 지장을 줄 수밖에 없으며 도착이 늦은 관계로 화재도 큰불로 번져 초기소화에 실패하는 경우가 종종 있다.

시간이 돈이며 생명이라는 말을 소방대원들이 절실히 느낀다. 어렵게 현장에 도착해도 화단에 심은 나무와 미관을 위해 설치한 철 구조물 등이 구조용 매트리스를 펼칠 수 없도록 장애를 주므로 상층에서 사람이 뛰어내릴 경우 위험에 빠질 수 있다. 그러므로 주민들 각자는 내가 사는 주위에 안전을 저해하는 것들은 없는지 관심을 가질 필요가 있다.

창원에서의 화재도 불을 피해 난간에 매달려 있는 사람을 소방대가 오기까지 발만 동동 구르며 구경하며 기다리기보다는 누군가 자기 집에서 이불을 꺼내와 밑에 쌓아놓기라도 했으면 팔에 힘이 빠져 떨어져도 목숨은 건질 수 있지 않았나 하는 아쉬움이 든다.

이웃이 먼 친척 보다 가까울 수 있다. 그래서 이웃사촌이란 말도 있다. 이웃과 함께 기뻐하고 슬퍼하며 더불어 사는 세상 참 멋진 세상이 아닐까.

【경기도민일보, 2009년 8월 21일 독자투고】

방화는 범죄다

"소방서죠! 불이 났어요, 빨리 와 주세요!"

어둠이 채 내려앉기 전 늦은 저녁, 지령앰프에서 울려 퍼지는 긴박한 여자의 목소리에 대원들은 긴장의 끈을 놓지 않으면서 소방차에 올랐다.

몇 시간 전에도 지하 주점에서 불을 끄고 돌아와 진압장비를 점검하고 휴식의 여유도 없이 또 출동하는 것이다.

화재장소도 방금 전에 일어난 곳에서 3백여 미터, 순간 방화란 느낌이 스치고 지나갔다. 다시 소방차는 커다란 사이렌 소리와 붉은 경광등을 번쩍이며 도로를 질주하고 있었다.

급한 마음은 어느새 화재현장에 가 있건만 퇴근 시간 때라 도로는 주차와 정차된 차량으로 인하여 소방차는 더디게 나갈 뿐이었다. 비좁은 차량들 사이를 비집고 가다 서기를 반복하면서 현장에 도착했다.

상가건물 2층 계단 쪽에서 검은 구름이 창문 밖으로 분출하고 있었고 일부는 상층으로 상승하여 주택을 위협하고 있었다. 계단참에 설치된 창고에서 시작된 불은 대원들의 신속한 활동으로 진화되려는 순간, 휴대용 무전기에서 또다시 화재발생 지령이 흘러나왔다.

"모텔 지하주차장 화재!"

불과 100미터 내에 있는 곳에서 불이 또 발생한 것이다. 현장에 대기하고 있던 후착대를 그곳으로 이동시켰고 지하주차장에서 검은 연기가 불꽃과 함께 목격되었다. 다행히도 주차장에 차량은 없었고 침대 매트리스 등 폐가구만 있어 즉시 진화되었다. 모텔이어서 큰불로 이어졌다면 다수의 인명피해가 우려되는 상황이었다.

잠시 후 또다시 무전기에서 화재발생 지령이 흘러나왔다.

"중고 가전제품 점포화재!"

도로변에 위치한 그곳도 모텔로부터 3백여 미터 내에 위치한, 근접한 장소였다. 지금까지 발생한 화재의 원인이 모두 방화로 추정되자 화가 치밀어 오르기 시작했고 알 수 없는 방화범과의 게임이 시작되었다는 느낌이 들었다.

현장에 도착하자 인도에 쌓아둔 세탁기, 냉장고 등에서 불이 나고 있었지만 큰불이 아니기에 금방 진화되었다. 그 옆에는 재래시장이 있기에 놈이 재래시장에 불을 낸다면 커다란 피해가 될 것이란 생각이 들었다.

경찰의 협조로 재래시장에 방화범 검거를 위해 방화순찰에 주력하였다. 긴장의 끈을 놓기도 전에 화재발생 출동지령이 휴대용 무전기에서 또다시 흘러나왔다.

불이 났던 중고가전 점포에서 멀지 않은 곳에 있는 대형 재래시장 내부였다. 재래시장은 화재가 발생하면 연소 확대가 순식간에 이루어져 엄청난 재산피해와 인명피해가 발생할 수 있고 대형화재로 이어질 수 있어 초기진화가 중요한 곳이다. 재래시장인 점을 감안하여 인근 소방력을 총출동시키라고 주문했다.

현장에 도착하자 신발가게의 신발 수십 켤레와 좌판대에 불이 붙는 것을 경비원과 인근 상인이 빨리 목격하고 소화기로 불을 끈 상태였고 방화범을 상인이 목격하였으나 놈은 뒤도 돌아보질 않고 어둠 속으로 사라졌다고 한다. 방화범이 남자라는 점과 키가 170㎝가량, 보통의 몸집에 검은 옷을 입었다는 신상이 놈의 전부였다.

재래시장의 중요성을 인식하여 경비원들에게 방화순찰을 철저히 하여 줄 것을 당부하고 민간인으로 구성된 의용소방대원을 동원하여 방화순찰에 추가 투입하여 순찰에 총력을 기울였다. 그 이후에도 상가건물 지하주차장에서 방화로 차량 일부에 피해를 주는 등 이날은 5시간 동안 7건의 방화가 발생하였다.

요즘 경기가 어렵다고들 한다. 방화는 경제적으로 어렵고 힘들게 모은 타인의 재산에 피해를 주는 것으로 우리 경제를 더욱 어렵게 한다는 것임을 명심해야 한다. 왜냐하면, 화재로 인한 피해는 생명, 재산손실과 함께 일자리도 없어지기 때문이다.

힘들 때일수록 서로 위해 주고 더불어 사는 지혜가 필요하지 않을까 생각해 본다. 시민들도 방화요인을 제거할 수 있도록 노력하고 수상한 자들은 재확인하는 것도 방화를 예방하는 길이라 본다. 그리고 방화는 중범죄란 사실을 방화범은 알아야 한다.

【경기신문, 2009년 3월 31일 투고】

화재로부터 내 집을 지키자

인간 생활의 기본적인 3요소를 의식주라고 한다. 몸을 보호하기 위해 입은 것과 몸을 건강하게 유지하기 위해 먹는 것, 그리고 몸을 편하게 쉬게 하는 공간, 이러한 것들이 인간으로서 최소한 갖추어야 할 원초적 요소들이다.

그중에서 사람이 쉴 수 있는 공간인 집은 사람이나 동물이 거주하기 위해서 지어진 구조물로서 보통은 벽과 기둥, 지붕의 형태로 갖추어져 있다.

집의 구조도 시대와 지역에 따라 오랜 세월을 거쳐 오면서 다양하게 발전해 왔지만 그 근본에는 추위와 더위, 비바람을 막아주는 역할을 하기 위해 지어졌다고 할 수 있다.

사전에서 작은 범위의 주택이란 사람이 들어가 살 수 있게 지어진 건물이라고 하고 공동주택은 여러 가구가 한 건물 안에서 각각 따로 생활을 할 수 있게 설계해 지어진 큰집이라고 정의하고 있다.

어쨌든 집이란 사람에게 필요한 숙식과 휴식의 공간으로 요사이는 재산가치의 수단으로 이용되기도 하지만 화기취급 부주의 등 화재로 귀중한 목숨과 재산을 한순간에 잃어버리는 공간이 되기도 한다.

지난해 인천지역에서 2,139건의 화재가 발생했다. 그중에서 주택 및 아파트 화재가 558건으로 전체화재의 26%를 차지했다. 이는 화재발생 장소별에서 가장 높은 수치이다.

집안에서의 화재 원인이 여러 가지 있을 수 있지만 전반적으로 보면 사소한 부주의로 인한 것이 다수를 차지하고 있다.

작은 관심과 주의만 가져도 충분히 화재를 막을 수 있다는 것에 안타까움을 더한다. 불량 전기제품으로 인한 과부하, 빨래를 삶거나 음식물을 가스레인지 위에 불을 켜 놓은 채 외출하는 경우, 양초를 켜 놓고 잠든 경우, 노후화된 가전제품 사용과 집 마당에서 쓰레기 소각 중 인근 가연물에 착화하여 화재로 이어지는 등 다양한 방법으로 주택화재가 발생하고 있다.

요즘 경제가 어렵다고들 한다. 경제가 어려울수록 화재예방은 더욱더 중요하다고 할 수 있다고 있다. 화재는 오랜 세월 어렵고 힘들게 모은 재산을 한순간에 사라지게 하며 목숨도 앗아갈 수 있기에 어려움을 더 어렵게 한다. 어렵고 힘들 때일수록 화기취급에 더욱 주의를 해야 할 것이다.

얼마 남지 않은 겨울, 화재 없이 모두가 행복하고 즐거운 겨울을 보냈으면 한다.

【경기도민신문, 2009년 2월 18일 독자기고】

긴급출동 차량에 양보를

　자동차가 우리나라에 최초로 도입된 시기는 1903년 고종이 미국공관을 통해 들여온 포드 승용차다. 도입 초기에는 극소수 특수층의 전유물로서 1917년까지만 해도 60여 대에 불과했고 그해 10월 처음 한강 인도교 가설로 도로 사정이 개선되면서 자동차의 증가를 가져왔다.
　우리나라 자동차가 양적으로나 질적으로 향상은 됐으나 자동차 운행 또는 주·정차 문화는 향상됐는가 점검할 필요가 있다. 많은 수의 자동차가 거리를 주행하고 있지만 규정의 속도와 제반 신호를 지키는지, 또는 큰 도로 작은 도로 또는 골목길과 심지어 사람이 통행하는 인도까지 주차와 정차로 인해 운전자와 보행자에게 불편을 주고 있다.
　특히, 구급차, 소방차 등 긴급자동차가 경광등과 사이렌을 취명하고 출동하는데 비켜주는 것 없이 행하는 비양심적인 행동은 우리를 어둡고 우울하게 한다.
　아무리 급하고 바쁘다고 해도 절박한 위기에 처한 생명을 구하는 것보다 더 급할 수 있는가!
　자신의 재산과 가족들의 생명이 위기에 처해 있다고 해도 양보하질 않을 것인가!
　긴급차량에 양보를 하지 않는 행위는 살인행위이고 비도덕적이며 공공의 적이라 해도 과언이 아닐 것이다.

최근 들어 구급차의 사고가 증가하고 있다. 밤과 낮 구분 없이 응급환자를 이송하기 위해 출동횟수가 많은 이유도 사고증가 원인일 수 있지만 사고를 분석해 보니 사고의 60%가 다른 차량의 양보가 절대 필요한 교차로에서 발생했다.

구급차의 사고는 물적 피해를 넘어 위급한 환자를 더욱 위험에 빠뜨리는 상황이 된다. 결국 피해는 시민들의 세금과 구급수혜자가 필요 시 혜택을 못 받은 결과를 가져온다.

긴급차량에 양보는 선택이 아닌 필수의 운전문화다.

【경기신문, 2009년 1월 22일 독자투고】

전기 히터봉 안전하게 사용하자

본격적인 겨울철로 접어들면서 화기사용이 증가하고 있다. 불의 사용 증가는 화재가 늘어날 수 있는 요인이 되기도 한다. 도시가스를 제외한 난방용과 온수용으로 사용되는 연료로는 주로 유류와 전기가 사용되고 있다. 최근에는 산유국의 유류값 인상으로 경제적인 어려움을 덜고자 전기를 이용하여 온수를 만드는 전기 히터봉 사용업체와 업소가 증가하고 있다. 하지만 생활에 필요한 이러한 기구도 잘못 사용하면 화를 면하기 어렵다.

전기를 사용하는 모든 제품은 더욱 주의할 필요가 있다. 특히 경제적으로 부담이 덜하다 하여 값이 싼 불량 기구를 사용하다가 화재가 발생한다면 이는 불행하고 안타까운 일이다. 따뜻한 물을 사용하기 위해 전기 히터봉을 이용, 온수로 사용하는 경우가 많다.

그로 인한 부주의 사용으로 전기 히터봉 관련 화재가 늘고 있다. 최근 인천에서(지난해 11월 말 기준)는 전기 히터봉 관련 화재가 43건 발생했다.

전기 히터봉 관련 화재는 단순한 화재 같지만 불이 발생하면 인근 가연물로 연소되어 대형화재로 이어질 수 있다는 문제가 있다. 또한 설치가 복잡하지 않고 단순하며 사용이 쉬워 전기 히터봉 관련 화재는 앞으로 증가할 것으로 예상된다. 따라서 전기 히터봉 사용 시 화재로부터 자유로워지려면 규정에 맞는 제품사용과 유지관리에 세심한 주의가 필요할 것이다.

전기 히터봉 사용 시 화재원인은 주로 수조 내에 물이 없어 화재로 이어지는 경우와 플라스틱 수조에 히터봉을 직접 접속되어 전도열에 의한 경우, 규격에 맞지 않는 불량의 전선사용과 적정용량의 누전차단기 미설치 등으로 화재가 발생하고 있다. 또한 온수를 사용하는 장소가 외딴 후미진 곳에 설치되어 인적이 드물어 눈에 잘 띄질 않아 불이 나면 즉시 대처할 수가 없어 화재로 이어지기도 한다. 따라서 정기적인 안전점검과 수시확인을 통해 화재예방에 최선을 다해야 할 것이다.

화재는 숨어서 기회를 엿보며 조금의 틈만 보이면 언제든 공격하는 숨었다가 나타나는 공공의 적이다. 그러기에 평상시 허점이 없도록 하여 항상 준비하고 철저하게 대비하는 자세가 필요하다고 본다.

【경기도민일보, 2009년 1월 15일 독자기고】

119 허위신고 '그만'

119 허위신고란 신고자가 소방대의 출동이 필요한 상황이 아님에도 의도적으로 소방대를 출동시킬 목적으로 거짓으로 신고하는 것을 말한다. 여기서의 허위신고는 화재는 물론 구조·구급활동과 긴급구조 요청이 아닌 상태에서 개인의 위치 정보 확인을 요청하는 행위 등을 포함하고 있다.

이러한 허위신고 행위는 시민의 세금으로 운영되는 소방력의 낭비를 가져오며 화재 등의 위급한 상황, 즉 사람의 생명과 재산이 일촉의 위기에 있을 때 제때 대응하지 못하는 일이 발생할 수 있다. 최근에는 소방의 순수성을 저해하는 행위, 즉 개인의 이익을 위해 허위 신고해 소방력이 출동해 인력과 장비의 낭비를 가져오는 행위가 증가하고 있다. 건물주와 감정 상태에 있던 세입자가 건물주가 열쇠를 안 주자 119에 문 개방을 요구하고 출동을 거절당하자 다시 화재가 발생했다고 허위로 신고한 사례도 있다.

또한 긴급한 위험에 처해 생명의 촉각을 다투는 사람의 위치를 알 수 없는 경우에 구조하고자 이용되는 위치정보 확인행위도 자신의 이익을 위해 이용하고 있다.

얼마 전 자신의 손가방이 날치기당하자 자신의 가방 속에 있는 핸드폰의 위치를 이용, 아들이 자살한다는 핑계를 대고 핸드폰 번호로 이동전화 위치추적을 의뢰한 경우도 있다. 이러한 행동의 사람들은 공공의 적으로 범죄행위에 해당한다고 볼 수 있다.

앞으로 소방관서에서는 허위신고를 하는 자에게 엄격한 법 적용을 할 예정이다. 소방관서에 화재·구조·구급 등을 허위로 신고한 자에게는 200만 원 이하의 과태료가, 긴급구조가 아닌 위치 정보 요청자에게는 1,000만 원 이하의 과태료가 부과될 것이다.

소방의 목적은 시민의 생명과 재산을 보호하고 지키는 순수하고도 자기희생적인 고귀한 가치이다. 그 목적에 흔들림이 없도록 시민들의 적극적인 협조를 당부한다.

【경기도민일보, 2008년 9월 25일 독자기고】

안전점검은 계속되어야 한다

매월 4일은 안전점검의 날이다. 지난 1996년 4월 4일부터 실시하고 있는 안전점검의 날은 민·관 합동으로 안전의식을 고취하고 주민홍보와 우리 주변의 안전점검 등을 실시하기 위한 날이다.

4는, 불길한 숫자라고 해서 우리 국민들이 꺼리는 숫자이기도 하다. 예를 들어 건물 엘리베이터에 4층을 표시하는 대신 영문자인 F를 표시하는 경우를 주위에서 흔히 볼 수 있다. 이러한 과학적이고 합리적이지 못한 미신적인 생각을 타파하고 액운이라는 부정적인 인식을 긍정적인 인식으로 승화시키는 효과와 새로 시작하는 첫 달 초 각종 안전사고를 사전에 예방하고 안전의식을 고취하기 위해 4일을 안전점검의 날로 지정했다고 생각한다.

재난 및 안전관리 기본법에 기초를 두고 국민의 안전의식 수준을 높이기 위해 각종 행사와 교육, 홍보 및 각 가정이나 직장 그리고 주변의 위험요소를 점검·확인해 제거 조치함으로써 안전한 생활을 영위하고 사고의 경각심을 고취하고자 안전사고 예방의 날을 지정한 것이다.

이날 각 가정과 직장에서는 소방시설과 방화시설에 이상이 없는지 점검하고 피난 통로 상에 적치물들이 방치되어 있는지, 전기 가스시설 등은 안전한지, 인화성 물질이 함부로 방치되어 있는지, 담벼락 및 건축물의 도괴·붕괴 우려는 없는지, 안전을 관리하는 사람은 지정 배치 운영되고 있는지,

그 외에도 직장 특성에 따라 상존하는 위험요소들의 확인 조치 개선 등의 활동들이 이뤄져야 한다.

안전한 생활은 사람들이 추구하는 목표이다. 한 번의 사고로 평생 치유할 수 없는 고통 속에서 살아가는 이들을 우리는 주위에서 보아왔고 지금도 보고 있다. 그러기에 안전점검은 매년 365일 계속되어야 한다. 다만, 매달 이 날은 안전점검 시작을 위한 날일 뿐이다.

【경기도민일보, 2008년 6월 4일 독자기고】

주택 스프링클러 설치운동

스프링클러란 건축물 내에서 화재가 발생했을 때 해당 건축물을 보호할 목적으로 화재를 자동 감지하여 신속히 물로 소화할 수 있도록 설치된 시설입니다. 영어에서 스프링클러를 '뿌리는 사람 또는 기계장치'라고 정의하고 있으며, 화재를 소화하는 용도 외에도 농장이나 골프장, 동물원 등에서도 다양한 용도로 사용하고 있습니다.

스프링클러는 살수하는 헤드의 막힘 유무에 따라 폐쇄형과 개방형으로 구분되는데, 우리가 흔히 볼 수 있는 것이 폐쇄형 헤드이지요. 폐쇄형 헤드는 화재가 발생하면 헤드가 열에 감지되면서 헤드의 감열체가 반응하여 소화수가 화재구역을 방사하는 소화원리로 되어 있습니다.

사람이 없는 상태이거나 일반주택에서 심야에 사람이 잠자는 중에 불이 났을 때 자동으로 불을 끌 수 있는 설비라 할 수 있습니다. 소방법에서는 일정규모의 소방대상물에 의무적으로 설치되어 있으나, 아파트를 제외한 다세대 주택 또는 일반 주택에는 제외된 시설이기도 합니다. 왜냐하면, 주택에는 강제할 규정이 없기 때문입니다.

작년 한 해에만 인천에서 2천157건의 화재가 발생했습니다. 그중 주택에서 일어난 화재가 595건으로 27.5%를 차지했습니다. 주택이 줄고 그 자리에 아파트가 들어서는 추세라지만 여전히 주택들은 우리 삶의 중요한 부분을 차지하고 있으며, 화재 또한 계속 발생하고 있습니다.

얼마 전 국제 소방서장 협회장인 스티븐 웨스터만 씨가 방한하였습니다. 그는 요즘 미국에선 고층 건축물뿐만 아니라 일반 가정집에서도 스프링클러를 설치하는 운동이 활발하다고 합니다. 가정에도 인화나 폭발성이 강한 물질이 많은 만큼 한국에도 필요한 운동이라고 강조했습니다.

우리나라도 가정마다 소화기 갖기 운동을 벌여 소화기의 중요성이 확산되어 비치하고 있지만, 소화기는 수동으로 조작한다는 한계가 있습니다.

현재 스프링클러 설치비용이 고가인 점에서 경제성이 떨어지지만 시중에는 간이 스프링클러 설비도 생산되고 있다고 합니다. 화재로부터 사랑하는 가족, 이웃의 생명과 재산을 지키기 위한 자율적인 스프링클러 설치운동을 권장해 봅니다.

【인천신문, 2008년 4월 24일 독자의견】

목조건물 화재의 비밀

새해 초 이천시에 위치한 냉동창고에서 화재가 발생하여 짧은 시간 안에 40명의 귀중한 목숨을 앗아가고 많은 부상자가 발생했었다. 그리고 이번에는 서울 한복판에 위치한 국보급 문화재 숭례문에서 화재가 발생해 소실되었다.

이들 화재는 인위적인 조건에 의하여 일어났고, 피해대상이 사람과 유형의 목조건축물이라는 차이일 뿐, 사회적으로 큰 충격을 주었다는 점에서 안타까운 마음이 든다. 특히 목조건축물은 한번 발화하면 소화가 쉽지 않기 때문에 목조건축물 화재 특성을 아는 것도 화재예방과 진압에 도움이 될 것이라 본다.

목조건물의 화재에는 보통 처음에 백색 연기가 창과 환기구 등으로 분출된다. 차차 연기는 흑연으로 변하고 그 양이 많아지며, 창과 환기구 이외에 지붕, 처마, 벽 등에서 새로 연기가 나오기 시작한다. 그동안 불은 옥내에서 타며, 타는 소리가 요란하다가 결국 화염이 외부에 나타난다.

먼저 화염이 외부에 나오는 것은 지붕과 벽의 상부다. 기와집은 처마 속 등인 경우가 많다. 일단 화염이 외부에 나타나기 시작하면 그 불은 급속히 퍼져서, 벽과 지붕 등도 화염에 싸여 화세는 더욱더 커진다. 이때의 옥내온도는 최고 1천300도에 이른다.

천장 속, 벽 등의 어느 곳엔가 불이 착화하고 나서부터 화재의 최성기까지의 시간은 대략 5분 내지 15분이다. 최성기가 지나면 차츰 굵은 기둥과 보 등을 남기고 그 외는 전부 타버린다. 결국은 이것도 타서 쓰러지고 만다.

화재의 최성기로부터 건물이 붕괴할 때까지의 시간은 대략 5분 내지 20분이다.

그러므로 옥내벽과 천장에 착화부터 붕괴까지의 시간은 10분~35분 정도 걸린다. 단, 이것은 화재 시 연소를 방임 하였을 때의 경우이며 방어 활동에 따라 달라진다.

이번 숭례문 화재를 기회로 전국 각지에 산재한 목조 문화재에 대한 화재 경각심은 물론 세심한 주의와 안전관리가 이루어지길 바란다.

【인천신문, 2008년 2월 22일 독자의견】

안전불감증 이제는 그만

새해 벽두부터 대형 참사의 비보가 날아들었습니다. 경기도 이천시에 위치한 냉동창고에서 발생한 화재입니다. 이번 화재는 순식간에 40명의 생명을 앗아갔고 다수의 부상자와 막대한 재산피해를 냈습니다. 이번 화재는 인재라는 점에서 다시 한번 안전불감증을 생각하게 합니다.

또한 인천에서도 음식점에서 화재가 발생했습니다. 소방대가 현장에 도착했을 때 건물의 뒤쪽 부분에서 시커먼 연기와 불꽃이 솟구치고 있었습니다. 상당히 큰 규모의 건축물로서 상점들이 꽉 차 있었지만 화재장소로 진입할 수 있는 곳을 아는 점포주들은 없었습니다. 소방관들이 정신없이 출입구를 찾아 돌아다니다가 입구를 발견하고 음식점 안으로 들어가자 다수의 사람들이 식사를 하고 있었고 식당에서는 불이 난 사실조차 몰라 소방관이 소방호스를 끌고 들어가자 의아해하는 표정이었습니다. 골판지 등 적재되어있는 베란다 가연물에서 타오른 불은 금방 진화되어 피해는 적었지만 조금만 늦었어도 커다란 위험에 빠질 뻔했습니다.

불이 났는데도 손님을 대피시키지 않는 행위와 화재장소를 소방관에게 유도하지 않는 행동은 안전을 무시하는 처사라고 볼 수 있습니다. 또한 소방관이 들이닥쳤는데도 태연히 음식을 먹는 행위는 우리 사회의 안전불감증이 어디까지 왔나를 단적으로 나타냈다고 볼 수 있습니다.

수년 전 대구 지하철 화재 때에도 지하철 객실 내에서 연기가 발생했는데도 앉아서 죽음을 기다리는 것을 우리는 보질 않았습니까! 이번 냉동창고 화재로 숨진 여러분들의 명복과 부상자분들의 빠른 쾌유를 소원하며 다시는 이 땅에서 어리석은 재난이 발생하질 않기를 바랍니다.

【인천일보, 2008년 1월 15일 한마디】

방화와의 전쟁

최근 전국적으로 방화로 인한 화재사건이 발생하고 있다. 방화(放火)란 일반 물건 또는 목적물을 불에 태워 없애는 행위로서 이것은 직접 타인의 재산에 피해를 주며 심지어 사람의 생명까지 위협하는 중대한 범죄행위라고 볼 수 있다.

얼마 전 자신이 다니던 회사에서 강제 퇴직당한 사람이 앙심을 품고 회사 소유의 차량에 휘발유를 부은 뒤 연쇄 방화를 일으켰고, 서울 서초구 모텔화재로 5명의 사상자 발생, 충남 공주 정신과 의원 화재로 23명의 사상자 발생, 광주 송화동 교회부설 복지시설 화재로 7명의 사상자 발생, 또는 골목길에 주차되어있는 차량들을 아무런 이유 없이 불을 지르는 묻지마식 방화로 크고 작은 화재가 전국적으로 발생하고 있다.

최근의 방화는 단순 우발적 방화에서 청소년의 모방 방화에 이르기까지 다양한 형태로 발생하고 있다. 작년 한 해 인천에서 발생한 화재 건수는 1천612건이었다. 그중에 방화로 인한 건수가 303건으로 18.8%를 차지했다. 이것은 전년 대비 14% 증가한 수치로서 방화는 계속 늘어나는 추세에 있다. 방화 동기는 단순우발 등이 1위이고 다음으로 가정불화 23건으로 2위, 정신이상 21건 3위, 보험금 노림 18건 4위, 기타 불만 해소, 비관 자살 등의 순이었다. 본격적인 겨울철로 접어들고 있다.

전국 소방관서에서는 방화사건 특별 경계령이 발령되어 대책을 수립 중이다. 하지만 방화를 예방하기 위한 소방관서 활동에는 한계가 있을 수 있다고 본다. 중요한 것은 지역주민들의 적극적인 참여가 최우선한다고 볼 수 있다. 예를 들면, 부지나 건물 내에 이상한 자가 침입하지 못하도록 하거나 또는 주의 깊게 관찰한다든지, 주변에 불에 탈 수 있는 가연물이 없도록 사전에 제거 조치하고 창고, 차고 등 인적이 드문 장소에는 반드시 문을 폐쇄하여 출입을 금지토록 하며 그리고 지역 반상회를 통하여 주민 방화 순찰대 구성 등 방화범으로부터 생명과 재산을 보호하기 위하여 소방관서와 유기적인 협력체계가 요구된다고 할 수 있다.

그리고 각 가정에 소화기를 갖추어서 유사시 신속히 소화할 수 있는 것도 방화범의 목적을 무력화시킬 수 있으며 무엇보다 화재예방 환경 조성이 방화범들의 설 자리를 없애는 길이라 본다.

【인천일보, 2007년 12월 14일 한마디】

부주의가 화재를 부른다

건망증이란 예전에 알고 있던 사실을 일시적으로 기억하지 못하거나, 자신이 했던 행동을 쉽게 잊어버리는 증상이라고 합니다. 보통의 사람들은 하루에 10가지를 기억하면 다음날에는 3가지를 잊어버리고, 일주일 후에는 5가지만을 기억하는 것이 정상이라고 합니다. 하지만 꼭 기억해야 할 것들을 자꾸 잊어버려서 생활에 어려움이 생긴다면 이를 건망증이라고 합니다.

흔히 사람을 망각의 동물이라고 합니다. 사람이 모든 것을 잊지 못하고 기억한다면 엄청난 스트레스로 인해 살아남기 힘들기 때문에 사람만이 가질 수 있는 우월성인 망각이라는 도구를 이용하여 살아남을 수 있도록 주어졌고, 그래서 현재까지 멸종하지 않고 존재한다고 합니다. 망각은 긍정적일 수 있으나 심한 건망증은 부정적으로서 위험을 초래할 수 있다고 보는 것이지요.

특히, 그것이 생명과 재산에 악영향을 미친다면 심각하다고 할 수 있는 것이지요. 지난 9월 5일 인천남부소방서 개서 이후부터 현재까지 2개월간 남부소방서 화재발생 58건 중 35건이 개인의 부주의한 화재 발생이었습니다. 이는 전체 화재 건수의 60%를 차지하는 커다란 수치입니다.

집안에서 음식물을 조리하려고 가스 불을 켜놓고 외출한다든지, 또는 음식물을 조리하는 동안 잠을 잔다든지, 심지어는 차량 엔진을 세척한 후 세척 걸레를 엔진에 놓아둔 상태로 엔진덮개를 닫고 운행하다가 엔진이 과열되면서 걸레에서 발화되어 차량화재로 이어지는 안타까운 일들이 발생하고 있습니다. 오늘날의 사회는 복잡·다양화된 시대라고 합니다.

 사람들의 생각이 하나에 머물러 있지 않고 얽히고설킨 실타래 같이 일상의 생활이 바쁘게 돌아가지요. 하지만 위험하고 중요한 것들은, 잊지 버리지 않는 자세를 갖는 것이라 봅니다. 건망증을 예방하기 위해서는 규칙적인 운동과 독서, 머리 쓰는 취미생활, 술·담배 금지, 충분한 수면, 신선한 과일 채소의 섭취, 메모하는 습관 등의 생활이 좋다고 합니다.

 시민 여러분 모두가 건망증에서 해소되길 소원합니다.

【시대일보, 2007년 11월 9일 기고】

다중이용업소 불이익 없기를

불특정의 많은 사람이 드나드는 업소를 다중이용업소라고 한다. 노래연습장 또는 유흥주점 등 많은 업종이 소방법에서는 대통령령으로 다중이용업소로 지정되어 있다.

다중이용업소는 화재발생의 우려가 높고 또한 화재 발생 시 다수의 인명피해가 발생하기 때문에 법으로 일정규모 이상의 소방시설을 설치토록 정해져 있다.

2002년 1월 전북 군산시 한 유흥주점에서 화재가 발생했다. 대낮에 발생한 화재임에도 15명이 사망하는 어처구니없는 일이 발생했다. 원인은 비상구가 없어 피난할 수 없었던 것이었다.

작년에는 서울 고시텔에서 화재가 발생해 20명의 사상자가 발생했다. 지금도 화재 위험은 상존하고 있다. 따라서, 최소한의 인명피해라도 막아보자는 취지에서 2004년 5월 신규업소는 물론이고 기존 다중이용업소에 대해 소방시설을 소급 적용시키는 법령을 제정했고 시행을 3년간 유예하면서 시설을 설치토록 독려했다.

다가오는 5월 29일 이후부터는 소방시설이 미설치된 업소에 대해서는 단속에 들어갈 예정이다. 기간이 도래함에 따라 일부 소방시설 또는 방염업자의 불법과 탈법, 편법이 성행할 우려가 있다고 매스컴에서 지적하고 있다.

날짜가 임박해 시설하면 비용 부담이 크게 될 수 있다는 생각을 하고 지금부터라도 조속히 시설을 설치하는 게 현명하다고 본다. 임박해서 공사하면 날림공사 또는 설치비용이 증가할 우려가 있기 때문이다.

자세한 사항은 관할 소방관서에 문의하고 다중이용업소 관계자에게 불이익이 없도록 당부드린다. 소방시설은 최소한의 생명시설이다.

【기호일보, 2007년 3월 6일 독자투고】

위기의 사람들 2

비상구 찾아주기 생활화하자

어느 음식점을 들어갔을 때 일입니다. 종업원이 고개를 숙이며 깍듯이 안내 인사를 하는 것입니다. 그리고는 자신의 손으로 반대편 쪽을 가리키며 비상구는 저쪽에 있다고 알려주면서 음식을 먹을 수 있는 자리로 안내해 주었습니다. 비상구 위치를 물어보지도 않았는데 알려주는 그의 행동은 평소에 경험해 보지 못한 일이기에 의아해 하면서 그의 말이 무엇을 의미하는지 생각해 보았습니다.

음식을 먹고 도망가라고 길을 알려 주는 것인지, 아니면 잠시 후에 음식점에 불이 날 것이니 미리 피난준비를 하라고 길을 알려주는지 이런저런 생각을 하자 기분이 별로 좋지 않아지기 시작했습니다. 나는 종업원이 알려준 비상구 쪽으로 가보았습니다. 철재로 되어 있는 문에는 '비상구는 생명의 문'이라는 표어가 붙어있었습니다. 그리고 쉽게 열 수 있도록 간단한 개폐 장치와 열 수 있는 방향까지 표식해 놓았습니다.

자리로 돌아와서 종업원에게 비상구 위치를 알려준 이유에 대하여 물어보았습니다. 종업원이 하는 말이, 자기네 식당은 음식의 맛도 좋지만 먼저 손님의 안전을 최우선적으로 생각한다는 식당 주인의 경영철학으로 인해 화재 등 유사시의 경우를 생각해서 비상구나 소방시설은 법정시설 이상으로 갖추고 있고 종업원들이 안전사고 대비한 훈련과 교육도 정기적으로 하고 있다는 것이었습니다. 그래서 이 식당은 수년 동안 한 건의 안전사고도 일어나질 않았고 그러기에 오히려 손님들이 편하고 맛있게 음식을 드시고 돌아간다는 종업원의 말에 힘이 차있었습니다.

그 얘기를 듣는 나도 저절로 마음이 편해지는 느낌이었습니다. 나는 이 식당이 처음 발걸음하는 장소였고 내가 소방관인 줄 모르고 있기에 더욱더 그 식당 주인에 대하여 존경심마저 들었습니다.

비상구의 중요성이 어느 때보다 필요한, 화재가 많은 겨울철로 접어들면서 잠시 상상해 본 것입니다. 그 식당의 종업원처럼 모든 다중이용업소 관계자들이 비상구 찾아주기를 생활화한다면 화재 시 피난을 못하여 목숨을 잃는 일은 없어질 것입니다.

어느 중소기업 사장의 말이 생각납니다. 다국적 기업에서 운영하는 판매장에 물건을 납품하려는데 물건의 품질은 보질 않고 제품을 생산하는 공장에 와서는 근로자들이 사용하는 화장실과 식당, 기숙사 등의 복지시설을 보고 제품의 수용 여부를 결정하는데 이는 근로자들의 복지시설이 제품의 질과 상관한다는 것을 의미하기 때문이라는 것이었습니다.

이와 마찬가지로 '손님이 왕이다!'라는 말은 손님의 안전을 최우선하는 전제에서 시작되어야 할 것입니다. 비상구의 확보 개방만이 손님들을 확보할 수 있는 길이 될 것입니다.

【인천일보, 2003년 11월 27일 독자투고】

소방방재청 반드시 신설되어야

올 2월 대구 지하철화재로 348명이란 사상자가 발생했었지요. 온 국민은 경악을 금치 못했고 우리 사회 안전불감증에 대하여 또다시 고민을 시작했었습니다.

국민들은 다시는 이러한 일이 발생치 않도록 근본적인 대책을 요구하였고 정부에서도 분산되어 있는 여러 재난관리 부서를 효율적이고, 체계적으로 통합하기 위하여 시민단체의 여론과 재난 관련 학자들의 세미나 등을 거쳐 그 결과로 소방방재청 이란 명칭을 만들었습니다.

5월 27일 정부도 당정 협의 시 소방방재청으로 입장을 정리했고 국민의 대표기관인 국회에서도 소방방재청으로 공식 입장을 표명했었습니다. 그 이전에 국회 차원에서 대국민 여론조사를 실시하여 재난·재해 중심기관으로 소방이 우선한다는 국민 인식이 70.3%로 나타났던 사실이 있습니다. 결국 지난 9월 각종 언론에서도 소방방재청으로 명칭이 결정된 사실을 보도했었지요. 이처럼 국민과 정부 그리고 국회 모두가 재난· 재해 중추기관으로 소방방재청의 신설이 좋다고 하는 것을 발표했었습니다.

그러나 지난 10월 16일 중앙의 일부 행정 관리들의 억지 논리로 인하여 명칭 자체가 무산될 위기에 있다고 합니다. 각종 재난현장에서 국민의 생명과 재산을 구하기 위하여 소방대원들은 피와 땀을 흘렸고, 죽임도 당하였습니다. 우리 사회의 어두운 곳에서 빛과 소금이 되고자 국민에게 최선의 봉사를 하였습니다. 이제 그 빛을 우리 국민은 조금씩 알기 시작했습니다. 빛을 더욱 바랄 수 있도록 힘을 주십시오. 그리고 꺾지 말아 주십시오. 소방대원들에게 힘과 격려를 보태주십시오. 행정부서 이기주의가 아닌 진정으로 국민에게 참봉사가 무엇인지를 고뇌에 찬 모습을 보여주시기 바랍니다. 소방방재청은 선택이 아닌 필수 조건입니다.

왜냐하면, 민주주의는 국민이 주인이기 때문입니다.

【인천일보, 2003년 10월 23일 독자투고】

119구급대원을 슬프게 하는 것들

119구급대원들이 수난을 겪고 있습니다. 불철주야 어렵고 지친 이웃에게 최선의 응급서비스를 위하여 일하고 있는 그들이 지금 사기가 떨어지고 있습니다. 하루에도 수십 번 신고를 받고 출동하는 그들에게 현장에는 각층의 사람과 각종의 환자가 기다리고 있지요. 경미한 환자에서부터 위급한 중증의 환자까지 119구급대원은 최선의 봉사를 다하려고 애를 쓰고 있습니다.

하지만 일부의 사람들이 그들을 우울하고 슬프게 합니다. 술 취한 사람이 여자 구급대원에게 폭설과 입에 담지 못할 폭언은 예삿일이 되어 버린 지 오래되었고 남자직원들은 폭행까지 당하는 일이 종종 발생합니다. 도로에 차들이 밀려 있어 긴급 사이렌을 취명해도 비키지 않을 뿐 아니라 일부 환자들은 구급대원들에게 중앙선을 넘어서 가라며 책임지지 못할 질책을 하고 또한 시간을 다투는 위급한 환자의 경우, 근처 큰 병원이 있는데도 자신이 원하는 먼 거리의 병원을 고집하여 구급대원들을 긴장시킵니다.

구급대원들은 전문가들입니다. 응급 구조사 자격을 갖추고 병원 등에서의 실경험도 갖춘 프로들입니다. 방어할 무기를 휴대하지 않는 구급대원들에게 일방적인 폭행과 폭언을 행사하는 사람들은 시민으로서 구급대를 이용할 자격이 없다고 봅니다.

119구급대원은 우리 사회의 등불이 되고자 합니다. 많은 시민들은 그들의 활동을 경험했고 봐왔으며 고마워했습니다.

어느 노부부의 이야기가 생각납니다. 노인 두 분이 사셨는데 어느 날 할아버지 몸이 위급한 처지에 놓였지요. 할머니는 당황하여 119를 불렀고 구급대원과 할머니는 구급차에 동승하였고 구급대원은 응급처치를 행하면서 할머니를 위로해 드렸고 구급차가 병원에 도착 전까지 할머니는 계속해서 애처로운 목소리로 할아버지를 불렀지요. 그리고 할머니는 허리춤에서 꼬깃꼬깃 접혀있는 5천 원짜리 1장을 여자 구급대원에게 주면서 연신 고맙다고 하더랍니다. 돈은 사양하였지만 구급대원은 눈물이 나오더랍니다. 노부부의 사랑과 자신의 행동에 보람을 느꼈던 것이지요. 후에 할아버지도 완쾌하였다고 합니다. 119구급대원들에게 사랑과 힘을 실어 주시기를 바랍니다.

【인천일보, 2003년 6월 16일 독자투고】

재난 관련 법 통합, 정비돼야

무심코 벽에 걸려 있는 5월 달력을 쳐다보니 25일 숫자 아래 '방재의 날'이라 적혀 있습니다. '자연재해대책법'에 의거 1994년 이날부터 재해예방에 대한 국민의 의식을 높이고 방재훈련을 효율적으로 추진하기 각종 행사와 훈련을 실시하고 있다고 합니다. 올해로 10주년이 되는 것이지요.

그러나 그동안도 우리는 무수히 많은 재난과 재해를 겪어 왔습니다. 지난 2월 18일 대구 지하철화재로 수많은 인명피해가 발생하질 않았습니까! 서울 삼풍백화점이 붕괴되자 '재난관리법'이 만들어졌고 이번 대구 대참사 이후 '안전관리기본법'(가칭)이 만들어지고 있습니다.

커다란 사고나 재난이 발생할 때마다 새로운 관련법들이 만들어지고 재난에 관련된 많은 법들이 제정, 운영되고 있습니다만 법과 날을 제정한다 하여 피해를 예방하고 최소화할 수 있을까요, 현재의 많은 재난 관련 부서와 법은 오히려 효율성을 저하시킬 우려가 많다고 봅니다.

따라서 재난을 총괄·조정·수습하는 기관의 통일과 재난과 관련된 법을 통합 또는 정비할 필요가 있다고 생각됩니다. 그러나 이는 부서 이기주의가 아닌 국민의 안전을 위한 것에 초점이 맞추어져야 되는 것이지요. 그 가운데에는 소방이 있어야 한다는 것입니다. 소방은 그동안 각종 재난현장에 투입되어 활동한 경험과 노하우를 가지고 있고 신속성과 기동성, 조직력으로

현장 대응능력이 있기 때문입니다. 일부 관료들의 '자리다툼'으로 희생정신이 희석되는 일이 없기를 바라는 것입니다.

또한, 우리 사회 각 민간단체도 안전 쪽에 대한 목소리를 내주시기를 바랍니다. 예를 들면 '소방도로 확보 운동' 등이나 안전에 관련된 법안에 귀를 기울이는 것이지요. 둘째로, 부유한 사람들이 안전에 관한 투자가 필요합니다.

마지막으로 기술자들의 안전 분야의 연구에 관심이 필요한데 안전에 관한 연구와 기술계발을 통해 더욱 나은 삶의 질을 확보할 수 있기 때문입니다. 그러나 제일 중요한 것은 평상시 국민 모두의 안전의식일 것입니다.

【인천일보, 2003년 5월 26일 투고】

혈소판 제공한 119

아침에 출근하니 기분 좋은 소식이 들린다. 같이 근무하는 직원들의 미담 소식이 조간신문에 보도되었다고 자기 일들처럼 모두들 기뻐하고 있다. 정작 당사자인 본인들은 대수롭지 않은 듯 시큰둥하다. 커피 살 일이 생겨서 그런 것만은 아닐 것 같다. 늘 평상시 해오던 일이기에 요란 떠는 것이 못마땅해서 일 게다.

미담의 내용은 이러하다.

시흥시에 거주하는 최강한 씨는 부인과 함께 산책을 하고 있었다. 부부는 옛날 연애 시절로 되돌아가 낭만을 만끽하면서 늦은 봄의 저녁 길을 걷고 있었다. 그런데 최강한 씨의 앞에 건장한 남자가 연약한 여자를 폭행하는 것이 목격되었다.

평상시 정의감과 의협심이 강한 최씨는 여자가 성폭행 당하는 것을 알고 남자에게 접근하여 연약한 여자를 왜 폭행하느냐고 말리려는데 느닷없이 남자의 주먹이 최씨의 코를 향하여 날아왔다.

이어서 발길질과 그리고 남자에게 매를 맞던 여자도 왜 남의 일에 간섭하느냐며 최씨를 가격해 최씨는 코뼈가 부러지는 등의 중상을 입고 많은 피를 흘렸다. 부상이 커졌음을 알고 인천의 큰 병원으로 이송하게 되었다.

병원에 도착하자 병원에는 냉동된 혈소판이 있었다. 그러나 담당 의사는 신선한 혈소판이 필요하다며 구해올 것을 주문하였고 경황이 없는 최씨 부인 심씨는 남편에게 큰 위험이 닥쳐올까봐 의사의 지시대로 무작정 혈소판 구입에 나선 것이다.

 최씨의 아내 심씨는 병원 문을 나섰지만 어디서 신선한 혈소판을 구해야 할지 막막하고 걱정이 되었다. 무심코 택시에 오른 심씨는 택시를 타고 가다가 차창 넘어 소방관서를 발견하게 되었다. 그리고는 용기를 내어 우리 소방파출소 문을 열고 들어오게 된 것이다.

"119밖에 찾을 데가 없더라고요!"

 심씨의 자초지종을 들은 부소장은 최씨와 혈액형이 같은 직원들을 파악하고 그들에게 혈액을 지원해 줄 것인가를 묻자 모두가 자청하여 결국 혈소판을 최씨에게 무료로 제공해 주게 된 것이었다. 현재 최씨는 위기상황은 넘겼다고 한다.

 심씨는 "소방관 여러분들의 도움이 컸다"며 "무어라 감사해야 할지 정말 고마울 뿐"이라며 연신 고마워했다고 한다.

 요즘 사회가 각박하고 정이 메말라 간다고들 한다. 불신 풍조가 만연한지 오래되었고 물질이 만능이라는 생각과 남보다 자신의 이익만을 추구하는 씁쓸한 세태를 보면서도 희망이 있음을 보게 된다.

 소방은 남을 생각하는 우리 사회의 등불이 되고자 한다. 한자에서 사람 인(人)은 사람이 서로 기대고 서 있는 상형이라 하듯이 서로 더불어 살아가는 것이 사람 사는 모습이 아닐까 생각하게 한다.

최강한 씨의 빠른 쾌유를 진심으로 기원해 본다. 오늘 아침 커피는 내가 사기로 했다.

【2003년 5월 21일 인천신문 보도내용을 보고】

이 몸이 죽고 죽어 무엇이 될꼬 하니

깨끗한 물에 청결한 쌀을 정확한 비율로 맞추어 솥에 넣고 불의 온도를 조절하여 일정 시간이 경과하면 정성스럽고 맛있는 밥이 탄생합니다. 솥의 좋고 나쁨이 맛있는 밥을 결정하는 것은 아니지요.

재난은 과거에도 있었고 현재도 발생준비 중이며 미래에도 발생할 것입니다. 큰 재난이 발생할 때마다 각종 관련 법들이 만들어졌고 이번 대구 대참사 이후 또다시 관계 법안이 만들어지고 그에 따른 관련 부서도 태동될 것입니다.

서울 삼풍백화점 이후에도 재난관리법이 만들어졌지만 일부 관료들의 터 늘리기만 했지 법 탄생 전이나 후나 나아진 것이 무엇인가요. 재난은 계속해서 발생해 왔지요.

솥(법)이 좋아서 밥이 좋은가요. 아니지요. 정성이 중요한 것처럼 지금껏 각종의 재난 및 사고에서 소방인은 정열과 정의감, 사명감으로 정성을 다하여 임무를 수행하였고 그들은 우리 사회의 등불이 되고자 최선을 다하여 왔습니다.

어떤 재난 및 사고현장에는 최첨병 소방이 있었습니다. 그들은 형식이나 보여주기 위한 것이 아닌 실질적인 조직력과 기동력, 현장대응태세를 갖추고 있고 우리는 그것을 각종 매스컴이나 주위에서 경험했고 봐왔습니다.

노력한 사람이 정당하게 대우받는 것은 기본이 아닌가요. 편법과 음해가 난무한다면 정의는 사라지고 미래는 없고 꿈과 희망도 없는 어둠의 세상이 될 것입니다.

그동안 소방은 음지에서 궂은일을 다해왔습니다. 그들에게 기회를 주어야 하는 것은 당연하다고 봅니다. 재난을 총괄 수습하는 부서를 소방이 중심이 되어 만드는 것은 당연한 것 아닌가요. 지금까지 소방은 국민에게 믿음의 1등 공신입니다.

밥(봉사)을 정성스럽게 지어놨더니 객들이 숟가락을 들고 달려들어 해치우는 것은 비양심적인 행위이며 지성인의 행동이 아닙니다.

이 몸이 죽고 죽어 다시 태어나도 정의로운 사회가 되었으면 합니다. 소방청 신설 말입니다.

【2003년 5월 12일 국가재난관리기획단 국민제안 투고】

소화기 강매·수거 조심

우리의 유전자 속에는 안전불감증이 코드화되어 있다는 느낌이 듭니다. 대구에서 화재로 인한 대참사가 있은 지 얼마 되지 않았는데 천안에 있는 초등학교 축구부 합숙소에서 불이 나 어린아이들이 꿈도 피워보지 못한 채 숨져갔습니다. 언제까지 이러한 일들이 되풀이되어야 하는지 가슴이 저려옵니다.

화재를 예방하고 진압하는 소방관인 내겐 안타까움과 죄책감이 더한 느낌입니다. 그리고 어른들이 안전에 대해 좀 더 관심을 가졌더라면 하는 아쉬움이 밀려옵니다. 다시 한번 우리 모두 화재 예방에 대하여 관심을 가졌으면 합니다.

요사이 대형화재로 인하여 소화기 판매량이 증가하고 있다고 합니다. 이러한 사회적인 틈을 노려 일부 소화기 판매업자들은 시간제 사원이나 일용의 성과급 직원을 고용, ○○ 소방공사라는 명찰과 제복을 착용하고 소화기를 점검 나왔다면서 음식점 등 다중이용업소와 기타 건축물 관계자에게 접근한다고 합니다.

얼마 안 된 소화기를 오래되어서 성능이 떨어져 충약해야 한다며, 소화기를 점검해 준다는 핑계로 소화기를 수거해가서는 비싼 가격을 청구하거나 완전 충약하지도 않고 심지어 가져오지 않는 경우도 있다고 합니다.

소화기는 관리 유지를 잘하면 10년 이상을 쓸 수 있으며 시민들이 간혹 소화기 판매사원을 소방관으로 오인하는 경우가 있는데 소방관서에서는 관련법에 의거 소방시설을 점검하지만, 소화기를 수거해가는 일과 판매하는 일이 전혀 없으므로 주의해야 할 것입니다. 그리고 의심나면 반드시 신분증을 요구해야 할 것입니다.

【인천일보, 2003년 4월 22일 투고】

소화기 주고받기

 대구 지하철화재 사고 이후 개인 및 단체 등에서 소방교육을 해달라고 소방관서에 문의를 하는 경우가 늘고 있습니다. 이웃의 안전을 위해서 바람직한 일이지요. 이것이 사고 이후에 일어나는 일시적인 현상이 아니길 바라는 마음입니다.

 소방시설에는 소화설비, 경보설비, 피난설비, 소화활동설비 등의 여러 종류가 있습니다. 그중 우리가 주위에서 흔히 볼 수 있으면서도 무관심한 것이 소화기이지만 유사시에는 무엇보다도 중요한 물건이지요.

 소화기는 소화설비 중의 하나로서 화재발생 초기에 진압하는 기구입니다. 가볍고 신속하게 이동이 가능하며 사용법을 알면 간단한 물건이지요. 단 한 번 사용으로 화재의 승패를 좌우하는 물건이기도 하구요. 따라서 평상시 양호한 유지관리로 유사시 사용에 지장이 없도록 해야 할 것입니다. 사용법의 숙지는 생명 또는 재산과 직결되므로 항상 머릿속에 각인되어 있어야 합니다.

 소화기는 눈에 잘 띄고 통행에 지장이 없는 장소에 설치하여야 하며 습기가 적고 서늘한 곳에 설치하고 수시로 약제점검과 파손이 있는지 또는 압력 게이지가 부착된 것은 적정압력으로 되어 있는지 확인하고 충약 시에는 허가업체에서 재충약해야 합니다.

작동할 때는 당황하지 말고 침착하게 불이 있는 쪽으로 소화기를 이동시키고 소화기 손잡이 부분에 있는 안전핀을 뽑습니다. 이어서 바람이 등지고 소화약제 방출호스는 화점을 향하게 하여 손잡이를 힘껏 움켜쥐고 방출호스를 불길 주위로부터 빗자루를 쓸 듯이 골고루 방사하는 것입니다.

이와 같이, 사용이 간단하나 유사시에는 당황하여 무용지물이 되기 쉬운 것 또한 소화기입니다. 소화기 사용법을 익히고 소화기를 선물로 주고받는 풍토를 조성하여 안전문화가 정착되기를 바랍니다.

【인천일보, 2003년 3월 13일 투고】

위험한 지하철화재

대구 시내 한복판 위치한 지하철에서 정신 이상자에 의한 방화로 화재가 발생했습니다. 이번 방화로 인하여 수많은 사상자가 발생했고 실종자까지 포함하면 214여 명에 이른다고 합니다. 부상자 중에는 위급한 사람들이 많아 추가 사망자가 있을 것이라고 합니다. TV와 신문 등 각종 언론은 있을 수 없는 이번 참사를 연일 보도하고 있고 전국은 슬픔의 도가니로 들끓고 있습니다.

안타까운 일이 아닐 수 없습니다. 짧은 시간의 인명피해가 상상을 초월했던 것입니다. 이처럼 다수의 인명피해는 여러 가지 원인이 있지만 지하철화재의 특성을 알 필요가 있습니다.

지하역사(驛舍)에서의 화재는 터널에서 공기가 원활하게 공급되므로 연소가 활발하게 이루어집니다. 특히 입구가 지상에 있어 공기와 연기의 경계인 중성대가 없어 소방대의 진입을 어렵게 합니다. 계단 등이 굴뚝 역할을 하기 때문이지요.

연기는 불완전 연소 물질로서 대류현상에 의해 위로 올라가고 터널 내의 공기가 불이 붙는 것을 도와주고 있지요. 더구나 전동차 안이 가연물질로 되어 있다면 더욱더 위험하지요. 따라서 전동차화재는 한번 발생하면 연기가 상당량 발생하고 승객의 안전에 위협이 되고 혼란에 의한 2차 피해가 염려되기도 합니다.

　최근에는 화학제품의 보급으로 화재 시 엄청난 유독가스가 발생합니다. 이는 보통 목재류가 탈 때보다 10~25배 이상의 연기가 발생하며 유독가스를 발생시킵니다. 따라서 극히 미량으로도 호흡 장애나 마비를 가져오고 결국 죽음으로도 이어지기도 합니다.

　통계에 의하면 화재로 인한 사망자 중 60% 이상이 1차로 연기에 의해 질식 사망하고 20% 정도가 소사하는 것으로 되어 있습니다. 그만큼 연기는 인체에 치명적입니다.

　화재 시 자세를 낮추고 젖은 수건이나 천 등으로 코와 입을 막고 불이 난 반대 방향으로 피난합니다. 이때 화장실이나 막다른 통로는 위험하므로 피해야 합니다.

　불길이나 연기가 접근하여 대피가 어려울 경우 무리하게 통로나 계단을 이용하지 말고 화재장소로부터 안전한 쪽으로 피난 후 외부에 구조를 요청합니다. 이때 위급한 상황일지라도 반드시 구조된다는 신념을 가지는 자세가 필요하겠습니다.

　이번 화재에서 안타까운 것은 누군가가 역사(驛舍)에 있는 옥내소화전을 이용하여 화재를 진압하였다면 하는 아쉬움이 남는 것입니다. 진정 돌아가신 분들의 명복을 빕니다.

【2003년 3월 6일 대구 지하철화재를 보면서… 】

비상구 유지관리 만전을 기해야

비상구란 급작스러운 사고가 있을 때 급히 피할 수 있도록 특별히 마련한 출입구라고 국어사전에는 정의하고 있습니다. 여기서 급작스러운 사고라는 것은 생각할 사이도 없이 매우 급하게 일어난 뜻밖의 일 또는 탈을 말하며 특별히 마련한 출입구란 별도 준비가 되어 있어 나가고 들어가는 어귀를 말하는 것입니다.

이처럼 중요한 문을 폐쇄하거나 이중 잠금 장치를 설치하여 개방시간을 지연시키는 행위, 다른 사람이 열지 못하도록 별도의 잠금 장치를 부착하고 비상구 표면을 벽지 색깔과 비슷한 것으로 도배 또는 그림 등을 그려 피난에 장애를 줄 수 있는 행위는 유사시 큰 위험을 초래할 수 있습니다.

평소에 비상구 위치를 알아두는 것도 매우 중요하지만 더욱 중요한 것은 누구나 비상구를 언제 어디서든지 발견할 수 있도록 유지·관리해야 한다는 것입니다.

화재 시에는 유독가스와 연기로 인한 공포감으로 판단력과 행동 장애를 일으킬 수 있으므로 비상구 위치의 숙지만으로 위치를 찾는다는 것은 한계가 있을 수 있기에 침착한 자세와 비상구의 정확한 위치 알림이 중요한 것입니다.

【인천일보, 2003년 2월 18일 투고】

소방차 출동과 벌금 걱정

동네에 있는 작은 비디오 대여점에서 소방관이 활약하는 영화테이프를 빌려다 보면서 아들 녀석과 한가한 시간을 보내고 있었다.

화면은 소방차가 사이렌을 울리며 도로를 질주하고 커다란 건물에서 화재가 발생하여 무너져 내릴 것 같은 상황에서도 몸을 아끼지 않고 사람을 구하며 또 화재를 진압하는 소방관들의 모습을 생동감 있게 보여주고 있었다.

이때, 영화를 잘 보고 있던 녀석이 느닷없이 소방차량이 출동하면 벌금을 내느냐고 물었다. 이 질문은 주위에서도 간간이 물어오던 것이기에 의외로 우리 주변에는 모르는 사람들이 많다는 것을 알 수 있었지만 이놈까지 모르고 있을 줄은 몰랐다. 소방차가 출동했다고 벌금이나 그 어떤 요금을 내는 제도는 없다고 알려주었다.

화재가 발생하면 도로에 많은 소방차량이 동시에 출동하는 것을 종종 목격하게 되는데 이는 소방력을 화세보다 강하게 함으로써 신속히 불을 끄고 또한 인접 건물로 불이 번지는 것을 막기 위한 화재진압 전술의 일부분이지 소방차량의 수에 따라 부담을 지는 일은 없는 것이다. 따라서 화재가 발생했는데도 소방차가 오면 벌금을 낸다는 잘못된 인식으로 신고를 지연시키는 등 우를 범해서는 안 되겠다.

특히 독자들에게 하고 싶은 말은 구급환자를 이송하는 구급대의 업무도 마찬가지라는 것이다. 위급한 처지에 빠진 시민들에게 많은 도움을 주면서 찬사를 받고 있는 119구급대원들의 응급환자를 이송하는 것은 전국 소방관서 어느 곳이나 무료이며 그 어떤 대가를 요구하지 않는다.

다만 다른 부처의 인가를 받아 운영하는 사설단체 또는 병원에서 운영하는 구급차는 일정한 요금을 받고 있다.

【인천일보, 2003년 1월 22일 투고】

화재예방 안전수칙 생활화

최근 다중이용업소와 숙박시설 등에서 화재가 빈발하여 많은 사망자가 발생하고 있습니다.

인천호프집 화재로 56명, 성남시 아마존 유흥주점 7명, 군산 대가 주점 6명, 마산 마도장 여관 9명, 익산 유흥업소 종업원 숙소 3명, 최근 인천 여인숙 화재 6명 그리고 어제 전북 장수군에서 창고를 불법 개조한 유흥업 숙소에서 종업원 4명이 화재로 숨지는 등 전국적으로 대소 화재로 인하여 인명피해가 속출하고 있습니다.

특히 다중이용업소는 많은 불특정 다수가 출입하는 관계로 화재가 발생하면 순식간에 커다란 인명피해가 발생합니다.

인명피해가 많이 생겨나는 것은 영업주와 종사자들의 소방안전 관리 부주의 때문이 많다고 합니다. 조금만 관심을 가지면 인적 피해는 막을 수 있었을 텐데 하는 아쉬움이 남는 것이지요.

예를 들면, 비상구를 폐쇄하여 유사시 탈출을 막고 있고, 또는 종업원들을 감금하고 있으며, 술에 취한 상태에서 화기를 잘못 사용하는 행위와 그리고 시설이나 용도를 임의로 변경하거나 불에 잘 타는 물질을 실내에 장식하여 불이 나면 빠르게 불이 옮겨붙어 초기진화를 어렵게 하는 것들입니다.

따라서 영업주가 화재예방에 대한 최소한의 안전수칙을 지키고 그것을 종업원들에게 교육을 시킨다면 화재 위험의 사각지대에서는 벗어날 수 있다고 봅니다.

출입구는 사람이 오고 가는 다닐 수 있는 최소한의 공간입니다. 그런 곳에 물건을 쌓아놓거나 출입에 장애를 준다면 유사시 피난의 어려움과 피해는 예상할 수 있는 것이지요.

실내 장식물도 불에 잘 타지 않는 불연재료 또는 준불연재료와 난연재료 등으로 설치한다면 화재의 연소속도를 더디게 하고 피난할 수 있는 시간적 여유를 제공해 주며 신속진압에도 도움이 되는 것입니다. 업소 관계자 여러분들의 관심이 필요하다고 하겠습니다.

【2003년 1월 6일 장수군 유흥종사자 숙소 화재참사를 보면서】

목조건물 화재 진화의 어려움

목조건물 화재에서 보통 처음에는 백색의 연기가 창(窓), 환기구 등으로 분출합니다. 연기는 차차 흑연으로 변하면서 그 양이 많아지며 창과 환기구 이외에 지붕, 처마, 벽 등에서 새로 연기가 나오기 시작합니다. 그동안 불은 옥내에서 타며, 소리가 요란합니다. 결국엔 화염이 외부로 나타나는데 먼저 벽의 상부 또는 처마에서 보이기 시작합니다.

일단, 화염이 외부에 나타나면 그 불은 급격히 퍼져서 벽, 지붕 등이 화염에 싸여 화세는 더욱 커집니다. 이때 실내온도는 최고 섭씨 1천3백 도까지 달하기도 합니다.

지붕 속이나 천장, 벽 등 어느 곳엔가 불이 착화하고 나서부터 화재의 절정기까지의 시간은 대략 5분 내지 15분 정도이며, 절정기가 지나면 굵은 기둥과 보 등을 남기고 그 외의 것은 모두 타서 무너져 내립니다.

화재의 절정기에서부터 건물이 도괴할 때까지의 시간은 대략 5분에서 20분 정도가 소요됩니다. 따라서 불이 착화하고 나서 목조건물이 도괴할 때까지의 전체 시간은 10분에서 35분 정도가 소요됩니다.

이것은 화재가 발생하여 소방대 등이 물리적인 행사를 하지 않았을 때이므로 화재방어 활동 시에는 차이가 있을 수 있지만 분명한 것은 화재 초기에 피난과 진압에 실패하면 큰 불행으로 이어진다는 것입니다.

중구 북성동에 위치한 2층 목조건물의 여관에서 화재가 발생하여 6명이 숨지고 화재를 진압하던 소방관 3명이 다치는 사고가 발생했습니다. 60년이나 된 낡은 목조건물에 화재도 새벽에 발생했으니 진압과 피난상의 어려움이 컸었습니다.

겨울은 화기를 집중적으로 사용하는 계절입니다. 화재발생도 증가하고 있습니다. 불은 언제 어디로 튈지 모르는 어린아이 같아서 항상 곁에서 감시하고 단속을 해 주어야만 소기의 성과를 거둘 수 있는 것이지요.

겨울철 우리 모두 불의 특성을 알고 그에 대처하는 지혜가 요구되는 시기입니다. 이번 북성동 화재로 인해 먼저 가신 분들의 명복을 빌고 다치신 분들의 빠른 쾌유를 진심으로 기원합니다.

【인천일보, 2002년 12월 12일 투고】

아파트 화재 땐 연기부터 차단

화재가 나면 부산물로 연기(煙氣)가 발생합니다. 연기란 기체 속에서 완전 연소되지 않은 가연물인 기체 및 액체의 미립자가 떠돌아다니고 있는 상태를 말합니다. 즉, 불완전 연소물질이지요.

연기의 입자 성분은 탄소미립자를 주로 하고 연료의 분해로 인해 발생한 휘발성 물질이거나 수증기 등 응결된 액체미립자 등이라 할 수 있습니다.

연기 속에 포함된 가스는 이산화탄소, 일산화탄소, 아황산가스, 시안화탄소, 알데히드 등 인체에 해로운 것들이지요. 따라서 화재로 직접 소사하는 경우도 있지만 연기에 의한 질식에 이어 2차적으로 소사하는 경우가 다수를 차지합니다. 그만큼 화재 시 연기는 사람들에게 치명적이며 공포와 패닉현상을 일으키는 원인이기도 합니다.

며칠 전 주안동에 위치한 모 아파트 2층에서 화재가 발생했지요. 화재장소에는 검은 농연과 붉은 불기둥이 집 전체를 맴돌고 있었고 검은 연기는 계단식 통로를 따라 상층부로 치솟고 있었습니다. 화재가 진압되고 구조대원들이 인명검색을 실시하자 집집마다 검은 연기가 가득 차 있었습니다. 불은 아래층에서 발생했는데 연기로 인해 상층부에서의 인명피해가 발생할 수 있는 상황이었습니다.

아파트는 화장실 등 환기구를 공동으로 연결하여 사용하기 때문에 아래층 화재 시 환기구를 통하여 연기가 상층으로 이동, 연기 진입이 용이하고 또한 계단형의 아파트는 계단이 연기의 통로 구실을 하므로 방화문으로 되어 있더라도 약간의 틈새만 있으면 연기는 침입이 가능하지요.

따라서 아래층에서 화재 발생 시에는 환기구 등을 폐쇄하고 현관 등의 방화문도 밀폐해야 합니다. 그리고 수건 등을 물에 적셔 입과 코를 가리고 낮은 자세로 엎드려 피난하는 것도 중요하지요.

더욱 중요한 것은 현관문을 잠그지 말아야 한다는 것입니다. 왜냐하면, 구조대가 인명을 검색하려 할 때 문이 잠겨있으면 집안에 사람이 있는지 없는지 또는 연기에 의해 쓰러졌는지 알 수 없어 신속한 구조에 어려움이 따르기 때문이지요.

한 해가 저물어 갑니다. 불조심에는 계절이 없음을 우리 모두가 인식하였으면 하는 바람입니다.

【인천일보, 2002년 12월 4일 투고】

옛 추억의 불조심 리본

어릴 적 추운 겨울날 아침, 초등학교(당시에는 국민학교) 정문 앞에는 무서운 선생님이 버티고 서 있었습니다.

어떤 아이들은 아무 일 없이 교문을 통과하지만 어떤 아이들은 교문 앞에서 서성이다가 되돌아가는 모습이 보였지요. 그리고 학교 근처의 조그만 문방구점 앞에서 아이들이 고사리 손에 쥐어진 동전을 내놓으며 무엇인가를 사려고 북적거렸습니다. 그것은 불조심이란 문구가 새겨진 리본이었습니다.

가난했던 시절, 아이들의 코에는 누런 콧물이 마를 날이 없었습니다. 가난과 추위는 콧물을 유산으로 남겼고, 그래서 아이들의 한쪽 가슴에는 어머니가 정성스럽게 접어준 사각형의 손수건이 늘 붙어 다녔습니다. 콧물을 닦기 위해서였지요.

그리고 겨울철이 되면 또 다른 가슴에는 불조심이라는 빨간 글씨가 새겨진 작은 리본이 붙어 있어야만 등교를 할 수 있었습니다. 가난한 아이는 리본조차 살 수 없어서 흰 천을 잘라 그 위에다 빨간 펜으로 '불조심' 글자를 써서 달고 오기도 했지요.

지금은 화재보험이란 용어가 보편화되었고 신속한 통신체계와 체계적이고 조직화된 소방관서가 설치되어 있지만 당시에는 소방관서도 부족했고 전화 등 통신체계의 부족으로 인해 화재신고가 늦었습니다. 물론 피해도 컸고 보상받기도 어렵던 시절이었습니다.

지금은 사라졌지만 망루라고 해서 사람이 철탑에 올라가 망원경으로 연기 나는 곳을 발견하여 화재출동을 하던 시절이라 화재진압이 아닌 후기진압에 머물러야 했던 시절이었지요.

화재의 발생은 개인적, 사회적, 국가적으로 커다란 손실입니다. 그래서 어릴 때부터 불조심 교육을 시켰던 것입니다. 지금은 가슴에 손수건과 불조심이란 리본을 달고 다니는 아이들을 볼 수 없지만 어릴 적의 향수가 사라졌다는 아쉬움이 남는 건 세월의 탓일까요.

옛날이나 지금이나 바뀐 것이라고는 없지요. 왜냐하면, 화재는 예나 지금이나 늘 발생하고 있기 때문입니다. 따라서 불조심 생활화에는 변함이 없다고 하겠습니다.

날씨가 점점 추워지고 있습니다. 또한 일부 지방에서는 건조주의보까지 발령했다는 소식이 들립니다. 겨울철의 건조는 화재위험이 크지요. 바람과 습도, 온도는 화재 발생과 깊은 관계가 있고 화기취급이 늘어나는 지금 화재의 증가를 가져오고 또한 대형화재로 이어집니다. 따라서 불사용에 세심한 주의와 확인이 필요하다고 볼 수 있습니다.

【인천일보, 2002년 11월 6일 투고】

태풍과의 전쟁 대비하자

태풍은 발생하여 소멸되기까지 약 1주일에서 길게는 1개월 정도의 수명을 가진다고 합니다. 보통 형성기를 거쳐 성장기, 최성기를 지나 소멸되는 쇠약기 4단계를 거친다고 합니다.

태풍의 일생은 화재의 형성과정과 비슷한 면을 가진다고 볼 수 있습니다. 화재도 초기 발화로 시작하여 성장기를 거쳐 최성기를 지나 감쇄기인 종기로 이어집니다. 따라서 화재로부터 피해를 최소화할 때는 초기와 성장기의 화재진압이 적기라 할 수 있습니다.

성장기를 실기하고 최성기로 돌입하면 이때는 적극적인 화재진압에서 화재장소 주위의 연소저지를 위한 소극적인 전술로 바뀌게 되지요. 왜냐하면, 최성기 때는 건물의 도괴, 붕괴 등 위험성이 상존하고 있어 화재진압에 어려움이 있기 때문입니다.

태풍도 성장하고 있고 진로까지 예상하는 오늘날의 기상관측으로 인해서 최성기의 태풍이 오더라도 피해를 최소화하기 위한 사전 행동이 필요하다고 할 것입니다. 기상상황에 관심을 가지고 담장 등이 무너질 염려는 없는지 확인하는 등 대비하는 자세가 중요하다고 볼 수 있습니다.

어제 대형태풍 루사로 인하여 전국적으로 큰 인명 및 재산 피해가 발생했습니다. 비바람이 세차게 몰아치는 높은 건물에 붙어있던 돌출 간판이 떨어지는 등 태풍과의 전쟁으로 밤을 새웠습니다.

　이제는 태풍 루사도 지나갔습니다. 언제 그랬냐는 듯 하늘에는 따스한 태양이 비추고 있습니다. 이제는 모두가 피해복구를 위해 최선을 다해야 하겠습니다. 그리고 편안히 지낼 때 항상 위태로움을 생각하고 위태로움을 생각하면 항상 충분한 준비가 있어야 하는 유비무환의 정신이 필요하다고 하겠습니다.

【인천일보, 2002년 9월 2일 투고】

누전 차단기 설치 여름철 화재예방

연일 계속되는 폭염으로 사람들은 짜증스럽고 무기력하기 쉬워지며 심지어 건강까지 해치는 경우까지 있다고 합니다.

무더위는 업무능률을 저해하고 이것은 생산성 저하로 이어지지요. 특히 낮 온도가 밤까지 이어져 열대야 현상으로 잠을 설치게 하는가 하면 불쾌감으로 집중력마저 떨어뜨리고 있습니다. 그래서 사람들은 산과 바다 등으로 피서를 떠나고 일부는 냉방용 가전제품을 총동원하여 더위와 대치하고 있습니다.

여름철이 겨울에 비해 화재발생이 적은 것은 사실입니다. 왜냐하면, 겨울철에 비하여 화기사용이 적기 때문이지요. 하지만 여름철에도 선풍기, 에어컨 등의 사용으로 화재발생이 증가하고 있습니다.

이는 주로 이용자의 부주의나 전기제품의 불량이 원인이 되고 있지요. 또 여름철엔 LPG나 LNG가 취사연료로 사용되면서 가스누설에 따른 폭발사고로 화재가 발생하기도 합니다.

어쨌든 여름은 여러모로 화재로부터 구속되게 하지만 조금만 관심을 가지면 해방될 수도 있습니다.

여름철 화재예방을 위해 무엇보다 누전 차단기는 반드시 설치합니다. 그리고 수시로 차단 여부를 확인하여야 하며 개폐기에 사용하는 퓨즈는 규격품을 사용해서 과부하나 합선 시 자동으로 끊어질 수 있도록 하는 것이 중요합니다.

휴가 등 장기 외출 시 도시가스는 메인 밸브와 중간밸브 콕을 잠그고 필요한 경우 관리사무소에 연락하여 조치를 취하는 것도 안전을 위한 지혜라 할 수 있습니다.

장마와 무더위의 고온다습한 계절, 이럴수록 침착함으로 집중력을 높인다면 즐겁고 아름다운 추억의 절기가 되지 않을까 생각해 봅니다.

【인천일보, 2002년 8월 2일 투고】

구급차와 접촉사고로 이득을 취하려 하다니…

황사와 요사이 조석의 온도 차이로 인해서인지 비가 쏟아지는 늦은 밤에 아들 녀석은 못 쉬며 가슴이 아프다며 잠을 이루지 못했다.

아내는 서둘러 아이를 데리고 근처의 야간 병원으로 갔다. 늦은 시간임에도 병원에는 환자로 보이는 사람들이 꽤 있었다. 의사는 큰 병이 아니라며 간단한 치료와 함께 약을 먹으면 괜찮다고 했다.

그때 119구급대원과 젊은 남녀가 함께 병원 문을 열고 들어왔다. 구급차가 출동 중 삼거리에서 남녀가 탄 승용차와 접촉사고가 난 것이었다. 의사는 젊은 남녀에게 진단결과 이상이 없다고 판단을 내렸고 젊은 남녀도 병원 복도를 자유로이 다니는 것을 봐도 이상이 없는 듯 보였다. 그리고 구급대원과 젊은 남녀는 서로 얘기가 잘 되어 가는 듯했다.

그러나 젊은 남자가 어디다 전화를 걸더니 잠시 후 남자의 엄마가 병원에 도착하면서 상황은 달라지기 시작했다. 주변에 구급대원들과 의사 등 병원 관계자가 없음을 확인한 남자의 엄마는 젊은 여자한테 의사가 물어보면 많이 아프다고 하라고 주문했다.

그 옆에서 아들의 간호를 위해 있던 아내가 그 얘기를 들었다. 처음부터 객관적으로 광경을 보고 있던 아내는 구급대원들이 안쓰럽게 느껴졌고 아들의 치료를 끝내고 와서, 내게 전화로 자초지종을 얘기했다. 그 일이 남편이 소방관으로 근무하는 아내에게 남의 일 같지 않았던 것이다.

알아보니 물적 피해는 구급차량과 상대 차량의 방향 지시 등 일부와 범퍼 일부가 파손된 경미한 접촉사고였고 사고지점 근처에도 큰 병원이 있으나 젊은 남녀가 원하는 병원을 요구하기에 그 병원으로 갔다는 것이다. 그 병원도 인천시내에서 큰 병원 측에 속한다. 그리고 구급대원들은 그들이 원하는 방향으로 처리를 해 주려고 노력했단다.

어제 여자운전자가 유턴 장소에서 10km 속도로 회전하다가 택시와 가벼운 접촉사고를 냈는데 택시운전자는 3개월 동안 입원하여 거액의 보험료를 탈취하였고 가해자인 여자 운전자가 억울하다고 고소하여 법원에서는 여자 운전자의 손을 들어주었다는 뉴스가 남다르게 들린다.

비가 오나 눈이 오나 불철주야 시민의 안전을 위해 봉사하는 소방관들, 국민 서비스 만족도 1위를 차지하는 그들에게 위로의 말은 못 할지언정 단순한 접촉사고를 빌미로 이익을 취하려는 일부의 비양심적 사람들이 있기에 오늘도 수없이 출동하는 구급대원들의 사기는 저하된다 할 것이다. 그들도 시민의 한 사람이기 때문이다.

【인천일보, 2002년 5월 6일 투고】

화재예방이 물 절약

산소와 수소가 결합한 것이 물이라고 합니다. 인류의 역사는 물과의 투쟁사라고도 하지요. 극심한 가뭄을 극복하려고 사람들은 물을 다스리는 문명을 발달시켜왔고, 수로를 이용하여 교통수단의 근원이 되기도 하였습니다. 따라서 고대 문명은 강변을 중심으로 싹이 트기 시작했다고 합니다.

사람들에게 있어서도 음식을 먹지 않고도 4~6주 정도는 생존이 가능하다고 합니다. 하지만 물을 마시지 않고는 체내의 독소 배출에 장애를 주어 일주일도 못 가서 사망에 이른다고 합니다.

물이 지구표면의 70%를 차지하고 있듯이 사람의 몸속에도 70%가 물이 차지한다고 합니다. 그중에서 5% 부족 시에는 혼수상태에 빠지고 12% 부족 시에는 사망에 이른다고 합니다.

이렇듯 물은 인체 내에서 잠시도 쉬지 않고 돌아다니며 활력을 주고 있지요. 물이 인간에게는 없어서는 안 될 귀중한 것이듯이 소방에서도 물은 아주 중요한 위치를 차지합니다.

인원, 장비, 수리(水利)를 소방의 3대 요소라고 합니다. 인원은 체력과 지력이 겸비된 정예화된 인적자원을 말하며 장비는 언제 어디서든지 100% 가동 운용될 수 있는 것이어야 하고 물은 풍부한 수량을 말하는 것입니다.

화재를 진압할 때 화재의 종류에 따라 진압하는 약제도 달라지기 때문에 소화약제도 여러 가지의 종류가 있습니다. 기체를 액화시킨 이산화탄소와 화학 물질로 제조된 분말, 포말 약제 등이 이러한 것들이지요. 하지만 이것들은 환경을 오염시킬 염려도 있고 경제적으로도 비싸기 때문에 주로 일반적인 화재, 즉 우리가 주위에서 흔히 볼 수 있는 화재에는 물을 사용합니다. 물은 주위에서 흔히 볼 수 있고 구하기도 쉽고 경제적으로도 부담이 적기 때문이지요.

그리고 물의 특성을 보면 비열과 증발 잠열이 커서 물이 수증기로 변할 때는 부피가 1천7백 배가 늘어나 냉각과 질식 소화가 동시에 이루어지므로 화재진압에는 효과적이라 할 수 있습니다.

화재를 진압하는 소방관들에게 물의 확보는 훈련된 군인이 우수한 공격 무기인 각종 총포를 갖고 있더라도 탄환이 없으면 승리를 할 수 없는 상황과 같이 화재진압의 승패를 좌우하는 아주 중요한 것이지요.

위와 같이 물은 사람들의 문명에 공헌을 해왔고 인체에는 없어서는 안 될 보약이며 소방에서는 중요한 위치를 차지하는 물질입니다.

현재 전 세계 인구의 40%가 식수 부족으로 고통을 받고 있다고 합니다. 이대로라면 오는 2025년에는 30억 명이 물 부족으로 고통받을 것이라 합니다.

22일은 세계 물의 날이었습니다. 다시 한번 물의 중요성을 인식할 수 있는 기회가 되었으면 하는 바람이고 시민들의 화재예방으로 불필요한 물이 낭비되는 일이 없도록 해야 할 것입니다.

【인천일보, 2002년 3월 23일 투고】

화재 신고는 신속 정확하게

화재가 발생하면 건물주 등 관계인은 망연자실하고 인근에 살고 있는 사람들도 불이 번질까 노심초사하면서 비이성적이고 무질서한 행동을 나타내며 판단력도 떨어집니다. 이것을 패닉현상이라고 부릅니다.

옛말에 "호랑이 굴에 들어가도 정신을 차리면 산다."라는 속담이 있듯이 어려움이 닥칠수록 냉정하고 침착하게 대처하는 것이 현명하다 할 것입니다.

불이 나면 먼저 건물 안에 있는 사람들의 피난을 위하여 비상벨 등의 소방설비를 이용하거나 큰소리로 주위에 화재발생 사실을 알려야 합니다.

그리고 신속하게 소방관서에 화재발생 사실을 통보해야 합니다. 이때 주의할 점은 침착하고도 신속하게 알려야 한다는 점이지요.

정확한 주소와 인근의 중요한 건물도 알려 주어야합니다. 이것은 소방대가 신속히 목적지에 도달하기 위해서죠. 또한 발생된 화재가 주택 또는 몇 층의 건축물인지를 알리고 사람이 있는지의 여부와 기타의 위험성이 있는지 알리는 것도 중요합니다. 이는 신속한 인명구조와 진압에 도움을 주기 위해서입니다.

그리고 소방대가 현장에 도착하면 입구를 유도해 줌으로써 소방대의 적정한 부서 선정에 협조를 해야 합니다. 특히 중요한 것은 건물 속에 사람이 있는지 없는지를 정확히 알려주는 것이지요. 부정확한 제보는 제2의 사고로 이어질 수도 있기 때문입니다. 작년 서울 홍제동 주택화재에서도 주인 아들이 있다는 부정확한 제보로 인해 건물 속으로 투입된 소방관들이 순직하질 않았습니까.

얼마 전의 일이 생각납니다. 주택에서 불이 났습니다. 신속히 화재를 진압하고 인명검색까지 마쳤고 다행히 인명피해는 없었죠. 그때였습니다. 주인이 나타나서 아들을 찾아달라는 것이었습니다. 우리는 집안에서 확인한 바 없다고 했으나 그래도 주인은 다시 한번 찾아 달라고 애원하였습니다. 우리는 침실, 목욕탕 등 구석구석을 세밀히 몇 번을 검색하였으나 사람은 보이질 않았습니다.

그때 누군가의 "아줌마, 여기 있네요!"라는 목소리가 들려왔지요. 그곳에는 작은 강아지 한 마리가 사람들 속에서 꼬리를 흔들고 있었습니다. "아이고! 살아있구나, 내 새끼!" 여주인은 강아지를 향하여 달려갔습니다. 정확한 화재 신고는 생명신고 정신입니다.

【인천일보, 2002년 2월 27일 투고】

겨울철 건조기에 산불예방

갑오년 새해가 떠올랐습니다. 올해는 모든 이들에게 말(馬)처럼 힘차고 활기찬 해가 되었으면 합니다.

지구촌 먼 곳 호주에서 지금 산불로 애를 먹고 있다고 합니다. 지난달 24일부터 발생한 산불은 현재 대도시 시드니 근교의 주택까지 위협하고 있다고 합니다. 우리도 1996년 고성산불을 경험했고 2년 전 강원도 영동 일대에 발생한 산불로 여의도 82배 이르는 사상 최대의 면적피해가 있었습니다.

화재의 발생은 기상과 밀접한 관계가 있습니다. 기온, 습도, 바람 등이 그것입니다. 대체로 기온과 습도는 역관계를 나타내고 바람은 화재와 비례한다고 합니다.

화재는 기온이 낮은 동절기에 많이 발생하고 기온이 높은 하절기에는 적은 편입니다. 온도가 같은 경우 기온이 높을 때가 낮을 때보다 연소(燃燒)속도가 빠른 것으로 알려져 있습니다. 습도는 내려가면 가연물이 건조하여 불이 붙기 쉽고 바람은 강풍이 불 때는 화재발생이 늘어나는 동시에 연소속도가 빠르고 소실면적도 크게 되는 것이지요. 따라서 건조하고 강풍이 있는 상태에서 가연물에 불을 붙이면 대형화재로 일어날 가능성이 높은 것입니다.

이 시기는 화기취급에 더욱더 주의를 가져야 하겠습니다. 이번 호주 화재가 좋은 예일 것입니다.

산림화재는 연소부위에 따라 4가지로 나뉩니다. 첫째가 지중화(地中火)입니다. 이를 토화 또는 지화라고 부르기도 하는데 땅속에 있는 유기질 층이 타는 것으로 진화에 어려움이 있고 쌓여있는 눈 속에서도 타는 수가 있습니다. 지중화는 지하 수 미터 깊이에서 발생하면 나무뿌리까지 타버리는 경우도 있습니다.

다음으로 지표화(地表火)로서 산림의 지면을 덮고 있는 낙엽, 낙지, 관목 등이 연소하는 것을 말합니다. 지표화는 수관화, 수간화로 이어집니다.

세 번째는 수관화(樹冠火)입니다. 나무의 수관이 연소하는 것으로 보통 지표화가 되어 일어나고 피해가 가장 크며 이는 습도가 50% 이상일 때는 잘 발생하지 않으며 그 이하일 경우에 일어나기 쉽습니다.

마지막으로 나무의 간부(幹部)가 연소하는 수간화(樹幹火)입니다. 고목이나 구멍이 뚫려있는 오래된 나무에서 일어나기 쉽지요. 이는 지표화로 일어날 수 있지만, 간혹 낙뢰 등에 의해 화재가 발생하기도 합니다.

지금, 겨울철 가뭄이 계속되고 있습니다. 건조하고 바람이 부는 계절에 대형산불을 예방하고자 우리 모두 불조심합시다.

【2002년 1월 호주 산불을 보면서…】

위기의 사람들 2

화재 많았던 신사년 한 해

벽에 외롭고 쓸쓸하게 걸려 있는 달력 한 장이 올해도 끝자락에 있음을 알려 줍니다. 매년 이맘때면 후회와 아쉬움이 남는 건 어쩔 수 없나 봅니다.

세월의 흐름을 거역할 수 없는 자연 앞에서 가버린 시간을 교훈으로 삼으며 예측할 수 없는 미래에 새로운 설계와 꿈을 싣고 희망을 준비하는 것은 비록 또 다른 삶이 나를 속일지라도 후회나 노(怒)하는 인생이 되지 않기 위해서일 것입니다.

올해 초에 이 글터에 재난재해가 없는 한 해가 되길 기원했던 적이 엊그제 같았는데 다시금 이곳에다 일 년을 회고하게 되었으니 광음여류란 말이 새삼 실감이 납니다.

신사년 올해는 유난히도 소방에 획을 긋는 일들이 많았습니다. 연초부터 인천 기상 이래 100년에 15번째의 강추위가 찾아와 음료수와 소주병이 얼어 터지고 20년 만의 폭설로 도로가 제 기능을 하지 못하고 눈을 녹이는 염화칼슘이 바닥이 나자 소금을 뿌리는 일까지 있었습니다.

전국적으로는 1월 초에는 포항시 대형 할인점에서 용접 불티로 인한 화재가 발생하여 40여 명의 사상자가 발생한 것을 시작으로 경남 거제시 남녀도 해상에서 유조선이 폭발하면서 3명이 사망하고 6명이 실종했으며, 곧이어 대청도 해상에서 여객선화재, 3월에는 온 국민의 슬픔을 자아냈던 서울 홍제동 주택화재, 불길 속의 주민을 구하려 뛰어들었다가 한꺼번에 6명의 소방관 목숨을 앗아간 그 사고는 우리나라 소방 역사상 처음 있는 일이었습니다.

또한, 5월에는 경기도 광주에 위치한 기숙입시학원인 예지학원에서 화재가 발생하여 대학입시를 준비하던 젊은이 8명을 숨지게 한 사고도 있었고, 그리고 90년 만에 찾아 왔다는 왕가뭄으로 모심기에 고통받는 농촌에 물을 보내자는 운동이 전국적으로 전개되었고 소방은 최소한의 소방력을 제외하고는 모든 장비를 동원하여 농민들의 모심기와 밭농사에 적극 동참했었습니다.

8월에 들자마자 천안시에 위치한 여관에서 투숙객 6명이 숨지고 30여 명이 중경상을 입는 화재가 발생하였고, 대 명절인 추석날 10월 초 하루, 온 가족이 오순도순 모여 이야기꽃을 피우던 저녁에 인천 구월동에 위치한 엠파이어 웨딩홀에서 화재가 발생, 선두에서 화재진압을 하던 동료 소방관 2명이 순직하고 1명은 중화상을 입는 사고가 있었습니다.

그리고 얼마 전 경기도 안성에서 부부싸움을 하다가 불을 질러 어린 자녀 2명이 숨지는 일도 있었습니다.

지금 이 시간에도 화재는 어딘가에서 준비 중에 있으며 발생하고 있습니다. 항상 안전에 대한 열려있는 마음이 중요하다는 생각이 듭니다. 며칠 있으면 임오년 말띠 해의 태양이 떠오릅니다. 새해에는 화재로부터 자유로운 한 해가 되길 진심으로 기원해 봅니다.

【인천일보, 2001년 12월 25일 투고】

신속한 화재진압은 소방도로가 우선

다시는 생각하고 싶지 않을 지난 3월의 서울 홍제동 주택화재, 그 날의 사고로 소방관 6명이 사망하였고 3명은 중경상을 입는 인명피해가 발생했습니다. 이처럼 짧은 시간으로 한꺼번에 많은 소방관이 숨진 것은 우리나라 소방 역사상 처음 있는 일이었습니다.

TV마다 순직하신 분들의 이야기를 앞다투어 방영하였고 사람들은 눈시울을 적시며 슬픔을 같이 했었습니다. 각종 언론 매체들은 인명을 구조하려다 불길 속에서 산화한 그들을 살신성인이라고 대서하여 보도하였지요. 그처럼 마음 아픈 일을 다시금 상기하고자 합니다. 교훈적인 것은 잊지 말아야 하기 때문이지요.

그 날도 소방차는 신속히 화재현장 근처까지는 출동하였습니다. 하지만 이면도로를 빽빽이 메운 불법 주차 차량들로 소방차는 더 이상 앞으로 진입할 수가 없었습니다. 불과 얼마 떨어지지 않은 주택에서는 검은 연기와 화염이 분출하였고 답답함과 초조함을 느낀 소방관들은 차에 적재되어 있는 소방호스를 내려 화재현장까지 끌고 가야만 했습니다. 따라서 당연히 진화작업이 늦을 수밖에 없었던 것입니다. 화재진압의 승패는 적시의 소방력과 관계가 있는데, 초기 진압의 실패는 화재를 중기에 이르게 하고 결국 최성기에 이르면 피해는 그만큼 가중되며 진화에도 어려움이 따르게 마련입니다. 따라서 신속히 화재 신고를 하는 것도 이와 관계가 있는 것이지요.

특히, 요사이 다세대 주택의 증가로 화재출동 때마다 골목길 주차차량 때문에 고생도 하지만 아무리 사이렌을 울리고 방송을 해도 차 빼러 나오는 사람들도 많지 않은 것이 현실입니다. 설마 하며 내 차와는 무관하다는 생각이 앞서있는 것이 아닌지 생각해 볼 일입니다.

【인천일보, 2001년 11월 22일 투고】

재난수습 중추기관 자리매김

11월 9일은 제39주년 소방의 날입니다. 세월의 흐름만큼이나 소방의 조직도 크게 발전했습니다. 세상일에 미혹되지 않을 불혹의 나이를 앞에 둔 소방은 명실공히 재난수습의 중추적인 기관으로 자리매김하였습니다. 이것은 시민들의 안전에 대한 절대적인 욕구가 밑바탕에 있기에 가능한 결과였습니다.

소방의 날 역사는 그리 길지 않습니다. 소방의 날이 처음부터 기념일로 시행된 것은 아니지요. 월동 기간 중 대국민 불조심 계몽행사의 일환으로 시작되었던 것입니다. 그 기원에 대해서는 확실치는 않으나 일제시대에도 매년 12월 1일을 '방화의 날'로 정하여 불조심에 관한 각종 행사를 전개하였습니다.

1948년 우리 정부가 수립되면서 불조심 강조 기간이 정부에서 설정, 운영되었고 불조심 강조 기간이 시작되는 11월 1일에는 지역 단위로 다채로운 기념행사가 펼쳐졌습니다.

이후 1963년부터 내무부(현, 행정자치부)가 주관하여 전국적인 규모로 '소방의 날' 행사를 거행하여 왔고 1991년 소방법을 개정하면서 119를 상징하는 11월 9일을 소방의 날로 제정하여 법정일로 보장을 받았습니다.

이때까지만 해도 행사의 명칭이 통일되지 못하였고 주년(周年) 표기를 하지 않았는데 1962년까지의 행사를 하나로 묶고 지역 단위의 행사에서 전국적 행사로 전환된 1963년을 제1주년으로 환산하여 1991년부터 행사의 명칭을 통일했습니다.

 소방의 존재 목적이 화재를 예방·경계·진압하고 재난과 재해 및 그 밖의 위급한 상황에서 구조·구급활동을 통하여 국민의 생명과 신체 및 재산을 보호함으로써 공공의 안녕 및 질서와 복리증진에 이바지함에 있듯이 기존의 소극적인 화재예방과 진압행정에서 적극적인 구조와 구급을 포함한 소방행정으로 확대하였습니다.

 각종 재난현장에는 늘 소방관이 가쁜 숨을 몰아쉬고 생사의 순간순간을 넘기는 모습을 우리는 주위에서 봐왔습니다. 또한 그들이 있기에 우리는 희망을 포기하질 않았던 기억이 있습니다.

 시민의 소방, 봉사소방 구현을 위해 오늘도 불철주야 일하는 소방관들의 건투를 빕니다.

【 인천일보, 2001년 11월 9일 투고 】

아빠 발 씻어드리기

우리 아빠는 소방관이십니다. 그래서 가끔씩 비상전화를 받으시면 새벽에도 나가시고 눈이 와도 비가 와도 출근을 하십니다. 시민의 생명과 재산을 보호하고 화재예방과 진압을 하시는 우리 아빠는 남들이 쉬는 명절날엔 언제나 비상근무를 하시죠.

추석날 저녁 8시쯤이었습니다. 큰댁에 모여 웃으며 저녁 식사를 하던 중, 아빠 핸드폰이 유난히 크게 울렸습니다. 아빠는 비상이라며 식사도 다 못하시고 급히 나가셨습니다. 남겨진 모든 가족은 안타까운 마음으로 저녁을 먹는 둥 마는 둥 식사를 마치고 TV 뉴스에 귀를 기울였습니다.

아빠가 출동하신 곳은 예식장과 뷔페였는데 그 날 화재로 아빠의 동료 두 분이 돌아가셨고 한 분은 화상으로 입원 중이라고 합니다. 새벽 4시쯤 아빠가 오셨는데 우린 자다가 벌떡 일어나 반가운 마음에 아빠를 꼭 안아드렸습니다.

아빠에게서는 불 냄새가 많이 났습니다. 아빠는 몹시 피곤해 보이셨고 씻지도 못하고 주무셨습니다.

다음날 나는 아빠의 발을 씻어드렸습니다. 아빠의 발이 예전보다 굳은살이 배겨 있었고 발톱도 많이 멍들어 있었습니다. 순간, 슬프기도 하고 아빠가 걱정되기도 했습니다. 아빠 발을 씻어드리는 게 즐겁고 재미있지만 많이 슬프게 합니다.

　발을 씻는 도중에 아빠가 말씀하셨습니다. 앞으로는 발을 씻어주지 말라고… 그리고 공부하라고, 그래서 부모님께 효도 드리고 지금의 아빠보다 더 나은 일을 택하라고 하셨습니다.

　발을 다 씻어드리고 난 뒤 나는 다시 아빠를 껴안아 드렸습니다. 그리고 약속드렸습니다.

　이 다음에 크면 누구보다 더 아빠 엄마를 제일로 기쁘게 해드리는 자랑스러운 딸이 되겠노라고…….

【2001년 10월 둘째 아이 교내 백일장 대회에서】

살신성인 정신 잊지 말자

공자께서 말씀하시기를 참된 인간이 되고 싶은 뜻이 있는 사(士) 또는 인(仁)의 사람은 생명을 아껴 인(仁)에 배반하는 것 같은 짓을 하지 않으며 생명을 던져서 인을 성취하는 것이라 했습니다. 이 말은 공자가 진리라고 믿는 것 앞에서는 죽음도 초월하겠다는 결의를 나타낸 말이라 합니다.

우리는 보통 남을 위해 자신의 목숨을 희생하는 것을 살신성인(殺身成仁)이라고들 하지요. 이것은 인을 위하여 자신을 희생한다는 성스러움의 표상이며 삶의 극치며 지존의 표현이라 할 것입니다.

지난 1일 구월동에 위치한 엠파이어 웨딩홀 화재로 화마와 사투를 벌이던 동료 소방대원 2명이 순직하고 1명은 중화상을 입는 사고가 발생했습니다. 그분들은 붉은 화염과 시꺼먼 농연 속에서 인명과 재산피해를 최소화하기 위해 선두에서 진압활동을 하였고 진정으로 살신성인의 실천가였습니다.

대 명절 추석날 오순도순 온 가족이 모여 이야기꽃을 피울 때 그분들은 근무에 임하려고 가족을 뒤로하고 출근하였고 따라서 이날의 사고는 우리를 더욱더 슬프게 합니다. 특히 성실과 책임감은 물론이요, 모든 생활면에서 솔선수범하는 분들이었기에 안타까움을 더합니다.

우리 사회의 그늘진 곳에서 묵묵히 최선을 다하신 분들이었고 그렇기에 동료를 잃고 살아남은 자들이 미안함과 슬픔은 가슴을 메이고 또한 유가족들의 오열과 고통이 천지를 진동합니다.

가신 님이시여!

남은 자들이 어제와 같이 오늘도 또 내일도 님이 해 오신 그 길을 갈 것입니다. 님이 뿌린 씨앗인 희생과 봉사 정신은 계속해서 이어질 것이며 그것이 주어진 운명이라면 남은 자들은 최선을 다할 것입니다. 부디 근심과 걱정 버리시고 평안한 마음으로 가시옵소서!
또한 중화상을 입은 동료 소방관의 빠른 쾌유를 기원하면서 어느 무명 소방관의 기도 전문을 적어 봅니다.

"제가 부름을 받을 때는 신이시여!
강렬한 화염 속에서도 한 생명을 구할 수 있는 힘을 주소서.
너무 늦기 전에 어린아이를 감싸 안을 수 있게 하시고,
공포에 떨고 있는 노인을 구하게 하소서…
당신의 귀를 주시어 가냘픈 구조의 외침까지도
들을 수 있게 하시고,
그들의 고통까지도 나의 품 안에 안을 수 있게 하소서.
그리고 신의 뜻에 따라 저의 목숨을 잃게 되면,
신의 은총으로 저의 아내와 가족을 돌보아 주소서…"

【인천일보 2001년 10월 4일 투고】

소방도로는 생명길

얼마 전 화재출동이 있었다.

평상시 긴장된 생활을 하는 나로서는 어느새 출동차량에 올라 있었고 차내 좁은 공간에서 공기 호흡기 등 개인 보호 장구를 착용하면서 화재현장에서 벌어지고 있을 모양을 상상하면서 그에 따른 진압활동과 대원 각자의 임무 부여를 숙지하면서 화재현장으로 출동하고 있었다. 늘 느끼는 것이지만 그 날도 도로에는 많은 차량들로 인하여 출동에 지장을 주었다.

경광등, 사이렌 소방차량에 부착되어 있는 경고 장치를 총동원하여 피양하라는 신호를 보내지만 일부 운전자들은 상관없다는 모습을 보이고 긴급자동차의 우선 통행에 관한 법도 모르는지 피하고 양보할 줄 모른다. 지금 화재현장에는 인명과 재산이 위기에 처해 있어 소방대가 오기만을 기다리며 애를 태우고 있을 이웃과 자기의 부모 형제가 있다는 생각을 하면 소방차 출동에 장애를 주지 않을 것이다. 안타까운 마음이 앞선다.

소방차는 좁은 길을 들어서고 있었다. 그때 불법 주차된 승용차가 보였다. 소방차에 부착된 앰프를 이용하여 차량을 이동하여 줄 것을 몇 차례 방송했으나 차 주인은 보이질 않았고 소방차는 그 작은 공간을 벗어나려고 노력하였지만 여의치 않았다. 인근 주민들이 모여들었고 한 참 후에 나타난 차 주인은 미안함과 신속함의 기색도 없어 보였다. 다행히도 불은 공장의 집진기에 발생한 국부적인 화재로 연소 우려와 인명피해는 없었다. 만약에 화재가 대형화재로 이어졌다면 하는 아찔한 생각이 들었다.

우리나라 자동차 생산이 미국, 일본, 독일, 프랑스에 이어 세계 5위라고 한다. 그에 따른 교통문화도 비례하여야 하지 않을까! 올해 4월말 기준으로 인천에 자동차 등록 수는 66만2천87대다.

이처럼 많은 자동차들이 도로를 주행하고 있고 어딘가에 주정차하고 있다. 그와 반대로 화재도 때와 장소에 관계없이 발생 준비 중이며 지금도 진행 중이다. 따라서 공동체적인 의식으로 시민들의 자율적인 소방통로 확보 운동을 전개하였으면 한다.

【인천일보, 2001년 7월 4일 투고】

소화전에 주인의식 갖자

화재 발생 시 소화방법은 가연물의 성분에 따라 달라진다. 다양한 소화약제 중에서 주로 물을 사용하는 것은 다수의 화재가 일반화재의 성격을 띠는 이유도 있지만 먼저 경제적으로도 부담이 적고 주위에서 흔히 구할 수 있으며 또한 물의 특성상 비열과 증발 잠열이 커서 수증기로 변할 때 주위로부터 많은 열량을 빼앗아 가므로 커다란 냉각과 질식 효과를 가져와 신속한 진압을 기대할 수 있기 때문이다.

따라서 풍부한 물의 확보는 화재진압의 승패와 관계가 있다. 풍부한 수원의 확보를 위해 소화전을 설치토록 법으로 규정해 두고 있고 또한 신속한 화재진압과 소방도로가 협소한 지역에서의 효율적인 소방활동을 위해서도 필요하기 때문이다.

국어사전에서 소화전(消火栓)이란 용어를 보면 소화를 위하여 상수도의 급수관에 설치하여 소방호스를 장치하기 위한 시설로 정의하고 있다. 시민의 세금으로 설치한 것이 공설소화전이고 일정규모 이상의 건축물에 대하여는 시설주가 책임 설치한 것이 사설소화전이다. 흔히 길거리에서 볼 수 있는 것은 공설소화전이다.

화재현장에서 순간순간을 화마와 싸우는 소방관들은 소화전의 가치와 효용성이 얼마나 중요한 것인지를 안다. 그러나 다수의 시민들은 당장은 관련이 없으므로 관심밖에 있고 심지어 일부는 그것이 무엇에 쓰는 것인지조차 모르는 경우도 있다.

소화전에는 소화전이란 한글 표시가 있으며 종류로는 지상식이 있고 원형 및 직사각형의 덮개로 된 지하식이 있다. 요사이 소방관서에서는 야간에 소방관들이 소화전 점령을 쉽게 할 수 있도록 지하식 소화전 덮개에 황색의 형광물질로 도색을 하고 있다. 따라서 주민 여러분들의 세심한 주의로 색이 퇴색하는 일이 없도록 해야 할 것이다.

소화전은 암흑의 바다에서 등대의 등불 역할을 하는 것과 같다. 불기둥 속에서 살려달라고 몸부림치는 이들과 시민의 귀중한 재산 보호를 위해 소방관이 건물의 불길 속으로 들어갈 때 옆에는 물이 가득 찬 소방호스가 제 역할을 하고 있어야 한다. 그러기에 등불이잖는가!

그러한 소화전이 요사이 수난을 겪고 있다. 주·정차가 금지된 곳임에도 차량이 버젓이 있고 소화전 주위에는 산업 및 생활 쓰레기, 오물 등이 냄새와 함께 엉켜 있고 공사로 인한 매몰, 파손 등이 발생하고 있다. 이러한 행위들은 불법행위이며 화재 발생 시 우리 이웃의 불행을 방조하는 것이며 결국 우리가 내는 세금으로 고쳐야 한다.

소방관서에서 공설소화전에 대하여는 방호 활동의 일부로 정기적인 소화전 조사를 하고 있으나 한정된 인력으로 관리에 어려움이 있다.

중요한 것은 시민 스스로가 소화전에 대한 주인의식과 더불어 살아가면서 지켜야 할 공중도덕이라 할 것이다. 아울러 소방용수 이외의 목적으로 불법 사용한다든지 손상, 파손, 철거, 매몰 등의 행위자 발견 시에 소방관서에 신고하는 정신도 필요하다 할 것이다. 특히 소화전 주위에 사는 시민 여러분들의 관심이 더욱더 중요하다고 본다. 그 소화전은 지역주민들을 위하여 설치된 것이기 때문이다.

【인천일보, 2001년 5월 7일 투고】

악조건에 일하는 남편 자랑스러워

요즘 TV 채널마다 화마에 목숨을 바치신 분들의 이야기가 우리의 눈시울과 마음을 적십니다.

저는 소방관의 아내로서 15년을 살면서 매월 남편의 월급을 수령할 때마다 남편의 수고와 애환을 알기에 천원을 만원같이 생활합니다.

몇 년 전, 일이 있어서 근무 중인 남편의 사무실을 찾아 커피를 막 마시려 할 때 "화재출동!" 방송이 나오자 남편은 기다리라는 말도 못하고 급히 뛰어 나갔고 이어서 차량마다 사이렌이 일제히 울리는데 저는 그 사이렌 소리가 너무 무서워 심장이 멎는 듯했습니다. 남편의 커피는 식어서 프림이 위에 허옇게 떠 있었고, 다리에 힘이 빠진 채 기다리고 있을 때, 식당 아주머니는 "커피 못 마시는 것은 아무것도 아니다. 식사시간에 출동하면 식사도 못하기 일쑤다. 그래서 아내들이 잘 해드려야 한다."며 당부의 말씀을 하시는데 눈물이 핑 돌았습니다.

올해는 유난히 춥고 눈도 많이 내렸습니다. 추운 겨울날 새벽에 출동해서 수관을 잡을 때 방수복이 물이 튀어서 그대로 얼어 버려도 자신의 몸이 얼었는지도 모른 채 시민의 생명과 재산을 보호하는 것에 전념하는 남편이 저는 너무 자랑스럽습니다.

남편을 만나기 전에는 소방관은 화재출동만 하는 줄 알았습니다. 그러나 비번인 날조차도 화재점검, 예방순찰 등 너무도 많은 업무에 시달리는 남편이 이젠 측은하기까지 합니다.

출근 시간은 있어도 퇴근 시간은 없는 것이 소방관입니다. 열악한 근무조건, 박봉의 월급도 저희 가족은 이젠 익숙합니다. 남편은 제게 청혼을 하면서 "남보다 덜 입고 덜 쓸 수 있는 자신이 있으면 시집와라"했기에 처음부터 사치와 과용은 저와 상관이 없었으니까요. 애들 사교육은 생각도 못하고 항상 열심히 살고 자기 일에 목숨을 걸 정도로 최선을 다하는 남편이 자랑스럽습니다.

위급한 상황에서 제일 먼저 뛰어드는 그분들의 위험보장이 되며 근무조건이 개선되었으면 하는 것이 제 바람입니다. '월급이 올랐으면 좋겠다'는 생각은 조금도 없습니다. 남편의 작업복을 세탁하려고 주머니를 뒤지면 매일 소방에 관한 메모가 나오고 작업복에 밴 냄새와 시커먼 얼룩이 얼마나 마음 아픈지 모릅니다.

순직하신 소방관 아내와 아이들을 보면서 남의 일 같지 않아 얼마나 울었는지 모릅니다. 과연 남겨진 가족을 누가 어떻게 위로하며 그 아이들은 누가 책임질 것인지.

오늘도 동료들의 아픔을 가슴에 새긴 채 내 남편은 화재출동을 할 겁니다. 더 많은 생명과 재산을 보호하기 위하여 자신과 가족을 잊은 채로 말입니다.

【인천일보, 2001년 3월 10일 아내가 서울 홍제동 주택화재를 보면서…】

주점(酒店) 비상구 폐쇄 위험천만

모처럼 옛 친구들과 모임이 있었다. 가까이들 살고 있으면서도 좀처럼 시간 내기가 쉽지 않았고 그래도 누군가에 의해 추진된 자리였다. 오로지 앞만 보면서 살아온 벗들이기에 하고 싶은 말들도 많았고 옛날의 동심으로 돌아가 그립던 시절을 되돌아보는 자리이기도 했다. 특별한 만남의 이유도 없이 서로가 얼굴을 보는 것 자체만으로도 즐거운 것이 옛친구들이 아닌가, 서로가 잔을 주고받으며 얼 만큼의 시간이 흘렀을 때 누군가 2차를 주문했고 다수가 응하여 근처에 있는 지하 주점으로 향했다. 입구에는 요염한 조명이 현란하게 유혹하고 있었고 요란한 노랫소리가 귀속의 고막을 진동시켰다.

자그마한 내부에는 많은 사람들이 불러대는 노랫소리로 요란했고 좁은 통로로 술에 취해 사람들이 흐느적거리면서 오고 가는 모습은 불안하게만 보였다. 또한 작은 공간에서 피우는 담배 연기는 탁한 공기를 생성하고 음침한 조명의 내부를 더욱 어둡게 만들었다.

우리는 주인의 안내로 구석에 자리를 잡았다. 이곳 말고는 자리가 없다며 주인은 퉁명스럽게 말했다. 늦은 시간인데 꽤 많은 사람들이 가무에 취해 있는 것을 보면서 이곳에서 불이 난다면 어떻게 될 것인가를 생각해 본다.

밖에서 누군가 "불이야!"하고 외친다. 혼탁한 실내에서 그 소리는 들리지 않고 연기와 열을 감지하여 사람들에게 알려주는 자동 경보 벨 또한 손님들이 오동작한다 하여 스위치를 차단시켜 무용지물이다. 전기는 단선되어 소화기 찾기가 어렵고 많은 사람들이 가득한 연기와 어둠 속에서 방향감각을 잃고 공포심과 두려움으로 우왕좌왕한다. 그때, 누군가 "비상구다!" 외치자 모두가 소리 나는 방향으로 몰려 밖으로 나가려 했으나 계단 입구에 쌓아놓은 물품으로 피난하기가 여의치 않다. 더구나 도난방지와 손님들의 도망을 막기 위해 비상구를 폐쇄하였다면 이들은 어디로 갈 것인가.

　잠시 상상해 본 것이지만 두려운 생각이 들었다. 사실, 작년 성남시 단란주점 화재의 인명피해도 비상구 폐쇄에 의한 것이었다. 숨진 사람들 모두가 비상구 주위에서 발견되질 않았던가. 모든 다중 이용 업소들은 영업 시에는 항상 비상구를 개방해야 한다. 비상구는 생명구이기 때문이다. 사람의 생명을 담보하여 영업을 한다면 누가 그곳에 가겠는가!

　따라서 소방관서에서는 7월 27일부터 비상구 폐쇄, 피난시설의 구조변경, 계단·복도 및 비상구에 물건을 쌓아놓아 화재 등 비상시 피난을 불가능하게 하거나 지장을 초래할 수 있는 행위를 방치한 사람에 대하여 과태료를 부과할 예정이다. 여러 사람이 이용하는 업소 관계자들의 관심이 요구된다.

【인천일보, 2001년 3월 3일 투고】

매사 불조심 체질화하자

신사년 벽두 포항시 대형 할인점 화재로 40여 명의 사상자 발생 소식은 꿈과 희망을 위해 새로운 계획과 설계를 할 시기에 안타깝고 우울하게 한다.

각종의 재난현장에서 최첨병 노릇을 하는 소방관으로서 작년 이맘때에 재난 재해가 없는 한 해가 되길 기원했었다. 하지만 강원도 영동 산불과 성남시 아마존이란 지하 음식점 등 전국적으로 대·소 화재가 발생해 많은 인명과 재산피해를 낳았다.

우리 인천에서도 작년 한 해에 1천6백81건의 화재로 사망 15명과 부상 112명의 인명피해와 76억7백17만6천 원의 재산피해가 발생했었다. 그래도 전년 대비해 화재는 10%, 인명피해 52%, 재산피해 2% 감소한 것은 참으로 다행이었다. 이는 소방관들의 신속한 화재진압과 인명구조 그리고 불특정 다수가 출입하는 접객업소에 대한 힘겨운 예방활동의 결과라 할 것이다. 다수의 사상자가 발생한 화재는 없고 인명피해도 주로 주택화재에 머문 것에 자족해야 했다.

내가 근무하는 곳은 만수동 일부와 서창·운연동을 관할하고 있다. 이 지역은 대단위 아파트가 밀집해 있고 도시와 농촌이 복합적으로 분포된 지역적 특성을 깆고 있다. 지난해 이 지역에서 발생한 화재 건수는 36건으로 2억8천9백72만3천 원의 재산피해와 1명의 부상자가 발생했었다. 아파트 화재가 다수를 차지해 지역특성과 관계가 있어 보인다.

화재 원인별로는 전기, 방화, 담배, 가스, 등의 순이었고 시간대별로는 낮 11시부터 12시와 오전 1시에서 2시, 그리고 새벽 5시부터 6시까지의 순이었다. 요일별로는 일요일이 제일 많았고 다음으로는 월요일과 금요일 순이었다. 지역주민들의 화재예방에 대한 경각심이 요구된다 할 것이다.

화재란 항상 재앙을 몰고 다니며 인간의 조그만 방심과 실수를 용납지 않는다. 지피지기(知彼知己)면 백전백승이란 말이 있다. 화재와 이기려면 이놈의 특성을 아는 것도 중요하지 않을까, 화재란 머리가 셋이 있어 그중 하나만 제거해도 이길 수 있다.

하나는 불이 붙는 가연물이고 둘째는 산소 공급원, 즉 공기 마지막으로 점화 에너지인 불씨다. 따라서 이런 조건이 형성되지 못하도록 항상 깨어 있다면 화재에서 자유로워질 수 있으며 진압에도 효율적으로 대처할 수 있다. 가연물은 제거, 산소는 질식, 불씨는 냉각 소화 방법이 이에 해당한다.

제일 중요한 것은 매사 불조심을 체질화하는 것이다. 그것이 최고의 소방관이라 할 수 있지 않을까. 올해는 모든 시민이 119가 되어 화재에서 해방되는 해가 되었으면 하는 바람이다.

【인천일보, 2001년 1월 22일 투고】

소방의 날 적극 참여

신들의 군주 제우스의 명령을 받은 프로메테우스는 진흙으로 죽음이란 한계를 가진 인간을 창조한다. 제우스는 그에게 인간들이 살아가기 위해 필요한 것은 무엇이든지 가르쳐 주라고 하고는 다만, 불은 오직 신들만의 소유이므로 인간에게 전수치 말라고 명령한다. 그러나 인간을 너무나 사랑한 프로메테우스는 제우스의 명령을 어기고 올림포스 산에서 불을 훔쳐 결국 인간에게 가져다준다.

불의 기원에 대한 그리스·로마 신화의 이야기다. 불은 인간들에게는 문명의 원천이었으며 없어서는 안 될 귀중한 보물이 되었다.

불에는 해로운 불과 유익한 불이 있고 해로운 불을 우리는 통상 화재라 부른다. 화재란 단어는 문자 그대로 재앙과 결부되어 있으며 일반적으로 화재를 다음과 같이 정의하고 있다.

실화 또는 방화 등으로 인한, 즉 사람의 의도에 반하여 발생하는 연소현상과 사회적 공익을 해하고 경제적인 손실을 가져오며, 따라서 이를 방지하기 위하여 소화시설 또는 이와 준하는 기구를 사용할 필요성이 있는 연소현상을 화재라 정의할 수 있다.

올해도 강원도 영동 산불이 발생했다. 여의도의 82베에 이르는 사상 최대의 산림피해가 발생했던 것이다. 얼마 전에는 성남시에 위치한 아마존이란 지하 유흥음식점에서 불이 나서 다수의 인명피해의 발생은 모두 해로운 불이었다.

화재는 때와 장소는 물론 처 종을 가리지 않고 발생한다. 소방관들이 하루 24시간 동안 긴장하면서 생활하는 것도 이런 이유 때문이다.

오늘 11월 9일은 제38주년 소방의 날이다. 119를 상징하여 이날로 제정하였고, 11월은 전국 불조심 강조의 달로서 전국적으로 불조심과 관련된 기념행사, 불조심 캠페인, 가두퍼레이드, 직장·가정 방화 점검의 날, 소방동요 부르기 대회, 서예작품공모전, 소방 활동사진 전시회, 세미나개최 등 각종 행사가 진행되고 있다.

따라서 시민들의 적극적인 참여로 화재에서 해방되는 계기가 되었으면 한다.

【남동신문, 2000년 11월 9일 투고】

현명한 119 신고요령을 알자

일선에서 119 구급업무를 담당하는 소방관이다. 소방의 구급업무가 1982년 소방관서 야간구급환자 신고센터 규정 마련 후 이듬해 소방의 기본업무로 법제화되어 현재에 이르고 있다. 이렇게 짧은 역사에도 불구하고 119구급대의 이용률은 매년 평균 44%씩 증가하고 있다. 이런 증가현상은 음지에서 희생적인 봉사로 책임을 다하는 119구급대원들의 노고가 있었고 또한, 시민들의 소방에 대한 믿음과 사랑의 결과라 생각된다.

다만 이용 시 아쉬운 점이 있는데 정작 응급환자 발생 시 정확한 신고요령의 무지로 인해 구급대의 인력, 장비의 낭비와 환자의 불구율 최소화에 어려움을 준다는 것이다. 따라서 현명하게 신고할 수 있는 요령을 숙지하는 것도 구급대 이용에 도움이 될 것이다.

먼저 응급환자 발생 시 119 전화번호를 눌러 환자가 발생한 위치, 주소, 전화번호를 정확히 알려준다. 현재 소방관서에는 위치 정보 시스템을 구축하여 신고자의 위치, 주소, 전화번호를 알 수 있지만 휴대전화 등으로 신고 시에는 위치를 알 수 없어 신속한 출동이 어렵다.

둘째, 응급 상황이 발생한 경위와 환자 상태를 설명한다. 이러한 정보는 구급대가 도착하기 전까지 주위 사람들이 해야 할 응급처치방법에 도움을 받을 수 있으며 구급대가 병원 전 단계에서의 신속한 응급처치를 할 수 있도록 시간적 여유를 제공한다.

셋째, 주의 위험요소 유무를 알린다. 예를 들면 화재, 사고, 위험물질 등을 알림으로써 다른 출동대의 출동으로 제2차 피해를 예방하기 위한 것이다.

넷째, 환자의 수를 알리는 것도 중요하다. 환자의 수는 구급대의 인력과 장비와 비례하므로 원활한 응급조치와 병원으로의 이송을 위해서도 필요하다. 이상과 같은 요령으로 불필요한 구급대의 출동을 예방하고 신속한 응급처치로 귀중한 생명을 보호해야 할 것이다.

【인천일보, 2000년 6월 27일 투고】

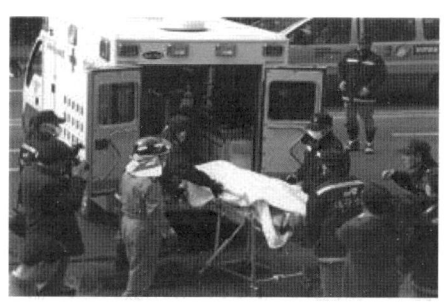

전기 감전에 의한 화상환자

우리나라에 전기가 처음 들어온 것은 1887년 경복궁 내에서 전깃불을 밝히면서 시작되었다고 합니다. 지금은 우리 생활 물품들이 전기와 관련되어 있어 없어서는 안 될 중요한 것이 되어 버렸지요. 따라서 그만큼 전기에 의한 사고도 많이 일어나고 있습니다.

특히 전기에 의한 화상은 사람의 목숨과 밀접한 관계가 있습니다. 전기에 의한 화상은 신체와 전기가 접촉할 때 발생하지요. 가정에서 사용하는 전류도 심한 화상을 일으킬 수 있습니다. 특히, 고전압에 의한 화상은 전기기술자가 전선을 수리하다가 발생하거나 일반인이 고압선에 직접 접촉될 때 발생하지요.

현대사회는 한정된 토지에서 사람들의 밀집으로 건물의 고층화를 불러오고 그에 따라 건물 내에서 전기 사용량이 증가하고 있습니다. 따라서 전기의 효율적인 관리를 위하여 사람들은 높은 건물 옥상에다 변압기를 설치하여 사용하고 있습니다. 얼마 전 그 날의 사고는 지금도 가슴을 아프게 합니다.

출동 지령앰프에서 울려 퍼지는 구급출동소리에 구급대원이 도착한 곳은 8층의 건물 옥상이었습니다. 변압기 실 안에서 환자로 보이는 전기공이 기절하였다가 깨어있었고 그의 얼굴에는 식은땀이 흘러내리고 한쪽 손으로 다른 손을 움켜잡은 채 통증을 호소하였고 몸은 부들거리며 공포에 떨고 있었습니다. 구급대원은 옆에 있는 다른 전기공에게 전류를 차단할 수 있는 메인 스위치를 차단하라고 하였고 환자를 안심시키면서 환자의 의식 상태와 신체 부위의 이상 유무를 확인하기 시작했습니다. 오른손은 3도 화상으로 진피와 피하지방층까지 손상을 입어 피부가 흑갈색으로 변해 있었고 왼쪽 어깨는 상처와 출혈로 피부가 파열된 것으로 보아 전기가 오른손으로 흘러 왼쪽 어깨로 흐른 것으로 추정하였습니다.

통상적으로 전기가 신체에 접속되면 접촉면을 통하여 전기가 체내로 유입되어 다른 신체 부위로 흘러나가는데 전기가 들어가는 곳과 나가는 곳에 심한 화상이 생기게 된다고 합니다. 보통 전기가 흘러 들어가는 입구의 상처는 작으나 출구에는 상처가 깊고 심한 것이 전기화상의 특징이기도 합니다.

구급대원이 조심스럽게 "손에 감각이 있나요?"하고 물었습니다. 전기공인 환자는 고개를 좌우로 흔들며 감각이 없다는 신호를 고통스럽게 표현하였지요. 신속히 병원으로 이송해야겠다고 판단한 구급대원은 상처부위를 소독거즈로 드레싱하고는 분리형 들것을 이용하여 구급차로 옮긴 후 병원으로 이송하였습니다.

이번 사고는 옥상에 있는 변압기실에서 전기 작업을 하던 중 감전된 사고로 순간적인 부주의가 커다란 신체적 피해를 가져왔다고 볼 수 있었던 것입니다. 그나마 전류가 몸을 통과하면서 심장의 정상적인 박동을 파괴하지 않아 심장이 정지하는 일이 없어 다행이었던 것입니다.

가정에서 발생하는 대부분의 전기화상은 불량 전기기구나 전기기구의 부주의한 사용으로 일어나고 있습니다. 아이들이 입에 전기 코드를 넣어서 전기화상을 입을 수도 있으며 밖에서 늘어진 고압선에 닿거나 굴착공사 등으로 전선과 접촉하여 전기사고가 종종 발생하는 것이지요. 전기는 인간에게 이로움을 주지만 잘못 사용하면 해가 될 수 있는 것이기에 우리는 항상 보고 접하는 전기에 대하여 새로운 마음가짐으로 사용하여야 할 것입니다.

【2000년 5월 응급환자 이송을 보면서】

단순사고 119 구조요청 자제

소방의 구조업무는 화재현장에서 위험에 처한 사람들 구조와 인위적 재해에 대한 잠재적 임무로 구성되어 오다가 1988년 119 특별구조대 운영지침이 마련되었고 다음 해에는 소방법에 명문화함으로써 법적 근거를 마련하여 현재는 소방의 고유한 업무로 정착되었다.

이러한 결과는 한순간에 이루어진 것이 아니라 우리 사회가 경제적, 사회적으로 급속히 성장하는 과정에서 각종 재해 발생에 위협을 느끼고 있으며 사회가 안정되고 국민소득이 향상되면서 안전욕구를 바라는 결과의 산물이라고 할 수 있는 것이다.

현재 소방에 대한 국민의 기대와 신뢰는 상한가를 기록 중에 있다. 인명을 중시하는 입장에서 재난업무를 가장 적절히 처리하고 신속하고 체계적인 인력과 장비를 보유한 조직은 현재로선 소방이 유일하다. 물론 각 기관에 재난 관련 업무가 있다 해도 시민과 접촉하고 믿음을 주는 관서는 소방이 유일하다.

요즘 인천소방에서는 단순 문 개방 신고를 자제해 달라는 내용의 안내문을 각종 매체를 통해 홍보하고 있다. 이는 오는 7월부터 인명구조와 무관한 단순 문 개방 신고에 대하여는 출동을 중지할 것이라는 사전예고 홍보기간 중이기 때문이다.

지난해 인천소방의 구조 활동은 3천 76건에 3천 993명을 구조했고 전년 대비 17.3% 증가했으며 하루 평균 11명을 구조한 셈이다. 하지만 이 가운데 단순 문 잠김 처리 건수가 54%를 넘고 있으며 전국적으로는 평균 35%마저 웃돌고 있다.

심지어 가정불화로 문을 열어 주지 않는다고 신고한 경우도 있다. 이는 긴급한 상황 발생 시 119구조대의 신속한 대응에 어려움을 주고 사람의 생명을 담보로 한 상황이라 생각할 때 시민 개인의 이기주의라 생각된다. 시민들의 현명한 신고 정신으로 119구조대를 이용하길 당부한다.

【경인일보, 2000년 3월 27일 발언대 투고】

자율과 책임 있는 의식으로 119구급대 이용

얼마 전 동네의 대중목욕탕에 갔었다. 마침 공휴일이어서 그런지 탕 내에는 많은 사람들이 운집하여 있었고 무질서 속에서도 나름대로 질서가 있어 보였다. 하지만 그런 꿈도 잠시, 일부 시민들의 행위는 목욕탕에서의 예절문화를 넘어 상식이란 의식의 실종을 실감케 하기에 충분하였다.

엄연히 목욕실 한쪽에 화장실을 만들어 놓았지만 아이들에게 아무 곳에다 소변을 보게 하는 아버지, 물론 뒷물 처리도 없다. 자그만 탕 내를 수영장으로 착각하고 물장구치는 아이를 말리거나 훈계 없는 어른들, 샤워대 사용 후 뿜어져 나오는 물줄기를 방치하고 다른 장소로 이동하는 사람들, 바닥에 커다란 오물을 내버리고 마무리가 없어 지나던 사람이 미끄러져 다치고. 이러한 모든 행위들이 이기심과 공중 도덕심의 결여로 본다면 지나친 생각인가!

자유란 공공의 책임 범위 내에서 행하여지고 자기란 존재는 자아(自我)의 통제와 조절에서 가치를 발견할 수 있으며 우리란 개념은 공동의 목적에서 빛을 발한다고 볼 수 있지 않을까.

그와 관련하여 얼마 전 우리 119구급대원들이 겪은 일들이 생각난다. 늦은 밤 간호사인 여자 구급대원이 출동지령을 받고 현장에 도착했을 때 환자는 술에 취한 상태였고 양손에는 출혈이 있어 응급처치를 하려는 순간

심한 욕설을 했다. 욕설은 여자 대원에게 수치심과 모멸감을 주기에 충분하였고 그것도 모자라 폭행까지 하려 하자 동행한 남자 대원이 제지하여 위기를 모면하였다. 그 환자의 행위는 구급대원들에게 아무런 이유도 없는 단순한 자기의 스트레스를 푸는 대상에 불과한 것임이 나중에 본인의 사과로 밝혀졌다.

또 다른 환자는 응급조치를 받은 후 원하는 병원으로 이송하는 도중 환자는 아무런 이유도 없이 구급차량 내에서 난동을 부려 구급장비를 파손하고 심지어 남자 응급 구조사인 구급대원에게 폭행까지 하였다. 나중에 파손물품에 대하여는 변상 조치하였고 폭행은 경미하여 사과로 갈음하였지만 이외에도 많은 구급대원이 음지에서 인내하며 시민들에게 봉사활동을 하고 있다.

다수의 시민들은 119구급대원들의 노고와 고마움에 어찌할 줄 몰라 대원들이 오히려 송구스러움을 느끼는데, 일부 몰지각한 이용자들의 행위로 인하여 119구급대원의 사기는 저하되고 있다. 이러한 행위들은 책임이 수반되지 못한 행동이라 할 것이다.

119구급대가 시민들로부터 사랑과 신뢰를 받고 있고 봉사의 첨병 노릇을 하는 것을 우리는 알고 있다. 그러한 그들에게 실망과 비참함을 안겨 준다면 안전문화는 퇴보하지 않을까 우려해 본다. 시민들의 소방, 봉사하는 소방의 구현은 소방의 가치요, 목적이라는 사명으로 24시간 가족과 떨어져 성실하게 근무 임하는 119구급대원들에게 시민의 격려와 위로는 힘이요 자부심인 것이다.

매년 증가 추세에 있는 구급수요에 일부의 시민들이 누를 준다면 이는 다수의 선량한 시민들에게도 피해를 줄 수 있는 행위이며 음지에서 시민을

위기의 사람들 2

위하여 봉사하는 119구급대원들에게 커다란 상처를 줄 수 있다.
 따라서 다가오는 새천년에는 자율과 책임을 가진 선진 시민의식으로 어떠한 재난이나 응급환자 이용에 119구급대를 적극 활용해 주길 당부해 본다.

【소방방재신문, 2000년 3월 10일 기고】

한 해를 돌아보며

광음여류(光陰如流)라 했던가. 얼마 후면 한 세기가 가고 새로운 천 년의 첫 해가 시작된다. 세월의 흐름을 거역할 수도 없고 정복하여 되돌릴 수도 없는 것이 인간의 운명이라 생각할 때 우리는 삶에 대하여 더욱더 충실해야 하지 않을까?

매년 그렇듯이 이맘때면 후회와 아쉬움이 남는다. 각종의 재난현장에서 이리 뛰고 저리 뛰며 몸과 마음을 부대끼면서 숨 가쁘게 달려온 날들이 많은 이들에게 얼마나 도움이 되었으며 그들에게 위로가 되었는지, 지금도 고통의 후유증으로 어둠의 터널 속에서 정체된 삶을 사는 이들의 고통은 또 어떠한지 지나온 날들을 되돌아보며 자성의 시간을 가져본다.

도시의 인구 집중화와 건물의 고층화, 산업의 다양화는 각종의 재난 재해의 발생을 증가시키고 있으며 그로 인한 피해는 예전과는 비교될 수 없을 정도의 인적·물적 피해가 크다.

과거 국가에서 국민에게 해줄 수 있는 것이 많지 않았던 시절 소방의 업무는 화재진압과 예방에만 치우쳐 있었고, 사실상 다른 분야에는 눈을 돌릴만한 여유가 없었다. 그러나 사회가 발전하고 국민의 생활 수준이 향상되면서 안전에 관한 관심도가 높아져 기본적인 생활안전 보장에 관한 국민들의 욕구도 증가하였다.

이러한 사회 환경 속에서 소방 고유의 업무는 화재진압과 예방이란 수동적인 차원에서 구조·구급 등 각종의 재난 사고까지 능동적으로 참여하는 재난 기구의 상징이 되었다. 이러한 소방의 활동은 시민의 사랑과 신뢰를 바탕으로 형성되었으며, 따라서 시민의 기대에 부응하기 위하여 지금도 시민을 위하여 무엇을 할 것인가 고민하고 있다.

시민소방, 봉사소방을 구현하기 위하여, 아파트 노인정과 양로원 등 사회복지시설을 방문하여 혈압, 맥박, 혈당측정 등을 무료 봉사하고 있으며 거동이 불편한 장애인이나 고령인 독거노인의 위급한 상황 발생 시 소방서에 자동으로 신고·송신할 수 있도록 119 자동호출기를 무료로 설치해 주고 있으며 그들에게 정기적인 건강체크와 호출 장비 등을 무료로 점검하여 주고 있다.

새천년이 시작되는 새해에는 각종의 사고로부터 더 이상 고통 없는 사회가 되기를 소망하며 소방이 시민의 두터운 신뢰를 바탕으로 시민 생활안전을 보호하는 첨병으로서 일상 속에 더욱더 뿌리를 내릴 수 있도록 시민들의 격려와 사랑이 축적되는 새해가 될 수 있도록 세기말 연도에 빌어본다.

【소방방재신문, 1999년 12월 25일 기고】

119 이용 시민정신 아쉽다

우리나라 소방의 구급업무는 지난 1980년 이전까지는 화재현장에서 부상자만 병원에 이송하는 차원에 국한하였다.

1981년 야간 통행금지 시간 중에 국민에게 봉사활동의 일환으로 일부 소방관서에서 야간응급환자 이송업무를 시범적으로 운영해 오다가 지역주민의 적극적인 호응으로 이용도가 증가하자 1982년 소방관서에서 야간응급환자 신고센터를 설치할 수 있도록 야간 구급환자 신고센터 운영규정을 마련하였고 같은 해 7월 6일에는 인천에서 2개의 소방관서에 구급 신고센터를 설치하여 구급차 2대와 구급대원 12명으로 119구급대를 편성 운영하였다.

당시에는 야간에만 구급환자를 이송하는 실정이었으나 시민들의 이용이 증가하자 제한적으로 운영하던 것을 24시간 출동체제를 갖추어 신규 장비와 전문 인력을 배치하고 체계적이고 조직적인 119구급대로 편성, 운용하고 있다.

성수대교와 삼풍백화점 붕괴사고, 최근의 인천 인현동 화재사고 등 각종의 재난현장에는 언제나 119구급대가 있었고 그들의 활동과 미담을 우리는 보고 듣고 경험하고 있다.

희생과 봉사라는 119구급대원들의 사명은 언제 어디서든 위급한 환자 발생 시 신속하고 능동적으로 대처하고자 지금도 교육과 훈련으로 출동대기에 임하고 있다.

올해 10월 말까지 인천에서 발생한 119 이용 구급환자는 총 3만4천1백85명으로 하루평균 113.5명이 119구급대원의 수혜를 받고 있다. 이는 매년 증가하는 추세이며 시민의 안전욕구와 더불어 더욱더 증가할 것이라 예상된다.

다만 안타까운 것은 최근의 119구급대를 이용한 구급환자에게 보험금이 지급된다는 신종 보험 약관이 등장하자 일부 취객이나 감기몸살 등 위급하지 않은 환자(비응급환자)까지도 119구급대를 이용한다는 사실이다. 인천에서 올해 9월 말까지 구급증명서를 발급해 간 건수의 55%가 비응급환자인 점을 보면 얼마나 무분별하게 이용되는가를 알 수 있다.

119구급대 편성 운영에 관한 규칙에서 응급환자는 질병, 분만, 각종의 사고나 재해로 인한 부상이나 그 밖의 위급한 상태에서 즉시 필요한 조치를 취하지 않으면 생명을 보존할 수 없거나 심신상의 중대한 위해가 초래될 것으로 판단되는 환자라고 정의되어 있다.

비응급환자의 무분별한 119구급대의 이용은 위급한 응급환자들의 이용에 피해를 줄 수도 있으며, 또한 구급대의 인력, 장비의 낭비를 가져오기도 한다. 따라서 자체 이용수단이 있는 경미한 환자나 비응급환자들은 긴급한 환자들의 사용을 위해 119구급대 이용을 자제하는 선진시민 정신을 발휘해야 할 것이라 생각된다.

【인천일보, 1999년 11월 26일 투고】

■ 알아두면 유용한 것들

· 생활안전

· 응급조치 요령

· 불조심 10대 안전수칙

· 소방 안전수칙

가스 사고발생 시
국민행동요령

가스사고 예방은

1. 평소 점검 방법은
- 비누나 세제로 거품을 내어 배관, 호스 등의 연결 부분을 수시로 점검하여 누출 여부를 살펴야 한다.
- 가스레인지는 항상 깨끗이 청소하여 버너의 불구멍이 막히지 않도록 한다.
- 취침 전에는 반드시 점화 코크와 중간밸브가 꼭 잠겨 있는지 확인하도록 한다.
- 아이들이 사용하지 못하도록 반드시 주의를 준다.

2. 가스 사용하기 전에는
- 가스가 누출되지는 않았는지 냄새로 우선 확인한다.
- LPG는 바닥에서, 도시가스(LNG)는 천장에서 냄새를 맡아야 한다.
- 불쾌한 냄새가 나면 가스가 새는 것이다.
- 가스 기구를 사용할 때에는 창문을 열어 신선한 공기로 충분히 실내를 환기해야 한다.
- 가스레인지 주위에는 가연성 물질(빨래, 분무기 통 등)을 가까이 두지 않는다.

3. 가스 사용 중에는

- 가스 불을 켤 때는 불이 붙었는지 꼭 확인한다(불이 붙지 않은 상태로 점화 코크가 열리면 가스가 누출될 수 있다).
- 파란 불꽃이 되도록 공기 조절기를 조절합시다. 불완전 연소 때 유독성 가스와
- 일산화탄소가 나오고 연료 소비량도 많아진다.
- 국물이 넘치거나 바람 때문에 불이 꺼지지 않았는지 옆에서 지켜보도록 하고, 가능한 한 자리를 떠나지 않는다.
- 불이 꺼지면 자동으로 가스가 차단되는 제품을 사용하고 자동차단 장치가 제대로 작동하는지 자주 확인한다.

4. 가스 사용 후에는

- 가스사용 후에는 연소기 코크와 중간밸브를 꼭 잠가야 한다.
- 장기간 외출 시에는 용기 밸브도 잠그는 것이 안전하다. 도시가스는 메인 밸브를 잠가야 하며 이사를 할 때는 도시가스관리사무소에 연락하여 필요한 조치를 취한다.
- 가스레인지는 자주 이동하지 말고 한 곳에 고정하여 사용한다.

5. 휴대용 부탄 가스레인지 사용 방법은

- 휴대용 가스레인지는 야외에서 사용하도록 만들어졌다. 부득이하게 실내에서 사

용할 때는 밖에서 사용 시험을 한 후 이상이 없을 때 사용하도록 한다.
- 다 쓴 용기(캔)는 잔류가스를 제거하고 구멍을 내어 화기가 없는 장소에 버려야 한다.
- 용기(캔)를 접속할 때는 완전히 결합이 되게 한다.
- 용기 상단의 절개된 홈 부분이 위로 향하도록 접속해야 한다.
- 사용 중에 가스가 누출되면 신속히 연결 레버를 위로 올려 용기(캔)를 분리해야 한다.
- 사용하는 그릇의 바닥이 삼발이보다 넓으면 화기가 가스용기(캔)를 가열하게 되어 폭발의 원인이 되므로 삼발이보다 큰 그릇을 사용하지 않도록 해야 한다.
- 밀폐된 텐트 안이나 좁은 방에서는 질식 또는 화재의 위험이 있으므로 사용하지 않는다.
- 실내에서 사용 때는 반드시 환기를 해야 하며, 환기를 하지 않을 때는 산소 부족과 일산화탄소의 발생으로 두통이 생기거나 질식할 수 있다.

가스사고 시 행동요령

- 가스를 사용하기 전에 반드시 냄새를 맡아 가스가 누출되지 않았는지 확인하고 점화하는 습관을 길러야 한다. 가스가 누출되면 절대 당황하지 말고 침착히 응급조치하면 폭발사고를 막을 수 있다. 먼저 코크와 중간밸브, 용기밸브를 잠그고 창문과 출입문 등을 활짝 열어 환기를 시켜야 한다.

LPG의 응급조치

- LPG의 경우에는 공기보다 무겁기 때문에 방바닥으로 가라앉으므로 침착히 빗

자루 등으로 쓸어내어야 한다.
- 이때 급하다고 환풍기나 선풍기 등으로 사용하면 스위치 조작 시 발생하는 스파크에 의해 점화될 수 있으므로 전기기구는 절대 조작해서는 안 된다.
- LPG 판매점이나 도시가스 관리대행업소에 연락하여 필요한 조치를 받고 안전함을 확인한 후 다시 사용해야 한다.
- 화재 발생 시는 일단 가스기구의 콕크를 잠근 후 시간이 있으면 가스용기의 밸브까지 잠가 주도록 해야 한다.

도시가스(LNG)의 응급조치

- 화재 발생 시 상황을 잘 판단하여 침착하게 콕크와 중간 밸브를 잠가 가스를 차단한 후 상황이 허락하면 메인밸브까지 잠그도록 한다.
- 대형화재일 경우에는 도시가스 회사에 전화를 하여 그 지역에 보내지고 있는 가스를 차단하도록 해야 한다.

이동식 부탄가스 사용시 안전점검

- 이동식 부탄연소기는 크게 카세트식과 직결식으로 나눠손쉽게 이동이 가능하다.
- 이동식 부탄연소기 사고는 지나치게 큰 그릇을 올려놓고 사용하다가 폭발을 일으킨 경우가 가장 많다.
- 대형화재일 경우에는 도시가스 회사에 전화를 하여 그 지역에 보내지고 있는 가스를 차단하도록 해야 한다.
- 연소기 쪽에 있는 용기장착 가이드와 용기 쪽에 나 있는 홈을 정확히 맞춰서 장착하고 삼발이는 반드시 정상적으로 놓은 상태에서 사용해야 한다.

- 사용하고 난 용기는 용기 내에 소량이라도 가스가 남아 있으므로 반드시 용기에 구멍을 뚫어 남은 가스를 완전히 제거한 후 버려야 한다.
- 구멍을 뚫는 방법은 가정에서 사용하는 손톱깎이나 병따개를 이용하여 간단히 뚫을 수 있다.
- 이때 주의할 점은 가스를 다 썼는지 확인하고 바람이 잘 통하는 곳에서 해야 한다.

가스 사용시 평소 안전점검

- 가스가 누출될 위험이 있는 부위에 비눗물이나 점검액을 발라 기포가 일어나는지를 알아본다.
- 호스와 배관의 연결부와 같은 접속부위를 중점적으로 점검하면 된다.
- 주방용 액체세제를 물과 1:1 정도의 비율로 섞어서 비눗방울이 잘 일어나도록 한 다음 붓이나 스펀지에 묻혀서 호스의 연결 부분 주위에 충분히 발라준다.
- 아무런 반응이 없으면 누출이 없는 것이지만, 조금이라도 누출되는 경우에는 비눗방울이 생겨 쉽게 판별할 수 있다.
- 누출되는 것을 발견하면 용기밸브나 메인밸브를 잠그고 판매점 등에 연락하여 보수를 받은 후 다시 사용해야 한다.
- 이와 같은 비눗물 점검은 점검하는 요일을 정해놓고 수시로 실행하는 습관을 길러두는 것이 좋다.

공연·행사장 관람 안전

입·퇴장할 때는

- 공연·행사장 입장 시 뛰거나 앞사람을 밀면 안전사고의 원인이 되므로 걸어서 입장을 하여야 한다.
- 관람객은 진·출입 때 안전관리요원의 안내를 받아 줄을 서서 이동통로와 출입문을 이용하여 입·퇴장하여야 한다.
- 관람객은 공연·행사 시간을 사전에 확인하고 입장과 퇴장을 하여 공연시간을 잘 지켜야 한다.
- 공연·행사장에 관람객이 가지고 온 물건 등은 버리지 말고 가져가야 한다.
- 공연·행사 주최자 및 시설물 운영자는 관람객에게 공연·행사 시작 전에 위급상황 발생 때 대처방법을 충분히 알려야 하며 관람객은 이를 숙지하여 위급상황 발생 때 협조하여야 한다.

관람할 때는

- 공연·행사장 등 공공장소에서는 흡연을 하여서는 안 된다.
- 공연·행사장 내에서 관람객이 소리를 지른다거나 장난을 쳐서는 안 되며, 특히 어린아이와 함께 공연·행사를 관람하는 경우에는 더 주의가 요구된다.
- 공연·행사 시간에는 휴대전화가 울리지 않도록 진동으로 하거나 휴대전화를 꺼야 한다.
- 공연·행사장 내에서는 공연·행사 주최자의 안내에 따라 행동을 하여 공연·행사가

- 잘 진행될 수 있도록 협조하여야 한다.
- 공연·행사시간에는 옆에 있는 관람객이 관람을 하는 데 지장을 주는 행동을 하여서는 안 한다.
- 공연·행사장에서는 폭죽, 폭음탄 등 위험물을 사용하는 경우에는 화재 위험성이 있으므로, 사용하지 말아야 한다.
- 공연·행사장에서 관람객 행동요령을 잘 지켜 공연·행사가 잘 끝날 수 있도록 협조하여야 합니다.

비상사태 발생 때는

- 행사장 내에서 화재가 발생할 때, '불이야' 하고 큰소리로 외치거나 화재경보 비상벨을 눌러 다른 사람에게 알린다.
- 앞사람을 밀치거나 서두르면 압사 사고 우려가 있으므로 앞사람을 따라 낮은 자세로 천천히 안내원의 안내를 따라 질서 있게 이동한다.
- 한꺼번에 출입구에 몰려들지 않도록 앞사람 먼저 차례대로 대피한다.
- 실내행사장의 경우 갑자기 정전되면 당황하지 말고 안내요원의 안내가 있기까지 자리에서 기다린다.
- 대피 시 119구급대원 등 안전·구조요원의 활동에 방해가 되지 않도록 현장 질서를 유지한다.

낙뢰 안전

낙뢰 예상되면

- 건물 안, 자동차 안, 움푹 파인 곳이나 동굴 등 안전한 장소로 대피한다.
- 낚싯대나 골프채 등을 이용하는 야외운동은 매우 위험하므로 운동을 즉시 중단하고 안전한 곳으로 대피한다.
- TV, 라디오, 인터넷을 통해 기상예보를 잘 알아둔다.

낙뢰 칠 때는

【산에서】
- 산은 낙뢰의 안전지대가 아님을 인지하고 가능한 한 등산을 삼간다.
- 낙뢰는 높은 물체에 떨어지기 쉬우므로 정상부에서는 낙뢰 발생 때 신속히 저지대로 이동한다.
- 낙뢰 발생 시 즉시 몸을 낮추고 움푹 파인 곳이나 계곡, 동굴 안으로 대피한다.
- 정상부 암벽 위에서는 즉시 안전한 장소로 이동한다.
- 키 큰 나무 밑은 낙뢰가 떨어지기 쉬우므로 피한다.
- 등산용 스틱이나 우산같이 긴 물건은 땅에 뉘어 놓고, 몸에서 떨어뜨린다.

- 야영 중일 때는 침낭이나 이불을 깔고 앉아 몸을 웅크리는 것이 좋다.

천둥·번개란?

여름철 적란운 속에는 수많은 물방울과 얼음 알갱이들이 있고, 또 그 안에는 양전기와 음전기들이 있는데, 이 구름 속에 있는 양전기와 음전기 사이에서 발생하는 불꽃현상을 번개라고 한다. 또한 천둥이란, 번개가 공기 중을 이동할 때 번개가 가지는 매우 높은 열 때문에 공기가 급격히 팽창하게 힘을 이기지 못해 터지면서 나는 소리이다.

【야외에서】

- 평지에서 낙뢰가 칠대는 몸을 가능한 한 낮게 하고 움푹 파인 곳으로 대피한다.
- 평지에 있는 나무나 키 큰 나무에는 낙뢰의 가능성이 크므로 피한다.
- 골프장에서는 골프를 즉시 중단해야 하며, 골프채, 골프 카트는 몸에서 떨어뜨리고 건물이나 낮은 장소로 대피한다.
- 농촌에서는 삽, 괭이, 트랙터 등 농기구는 몸에서 떨어뜨리고 몸을 낮게 한다.
- 자동차에 타고 있을 때는 차를 세우고 차 안에 그대로 있는 것이 안전하다. 차에 번개가 치면 전류는 도체인 차 표면을 따라 흘러 타이어를 통해 지면에 접지된다.
- 낚시꾼은 낚싯대를 몸에서 떨어뜨리고 몸을 낮게 하시기 바란다.
- 물가 또는 소형보트 주위는 위험하므로 떨어진다.
- 펜스, 금속파이프, 레일, 철제난간 등의 전기 전도체가 되는 물건과는 떨어져 있어야 한다.

【가정에서】

- TV, 라디오 등을 통하여 낙뢰 정보를 파악하고 될 수 있으면 외출을 자제한다.
- 집에 번개가 치면 TV 안테나나 전선을 따라 전류가 흐를 수 있으므로 주의해야 한다.
- 가옥 내에서는 전화기나 전기제품 등의 플러그를 빼두고, 전등이나 전기제품으로 1m 이상의 거리를 유지해야 한다.

낙뢰 맞았을 때 조치는

- 낙뢰로부터 안전한 장소로 옮긴다.
- 구조해 내면 이름을 부르는 등 의식 여부를 살핀다.
- 의식이 없으면 즉시 기도를 열어 호흡을 하는지 확인하고, 호흡을 하지 않으면 인공호흡과 함께 심장마사지를 한다.
- 의식이 있는 경우에는 자신이 가장 편한 자세로 안정한다. 감전 후 대부분 환자가 전신 피로감을 호소하기 마련이다.
- 환자가 흥분하거나, 떠는 경우에는 말을 걸든지 침착하게 대한다.
- 사고가 등산 중이거나 해서 의사의 치료를 받을 수 없는 장소에서 일어나더라도 절대로 단념하지 말고 필요하다면 인공호흡, 심장마사지 등의 처치를 계속해 준다.
- 설사 환자의 의식이 분명하고 건전해 보여도, 감전은 몸의 안쪽 깊숙이까지 화상을 입는 경우가 있으므로 빨리 응급병원에서 진찰을 받을 필요가 있다.

낚시 안전

안전한 낚시 방법은

- 기상정보에 관심을 기울이고 기상이 나쁠 때는 낚시를 자제한다.
- 갯바위와 썰물바위는 추락과 고립 등 위험성을 갖추고 있으니 낚시꾼 어선업자들은 위험장소를 안내하거나 안내 요구도 받지 않도록 한다.
- 무허가 또는 인명구조장비를 비치하지 않은 낚시어선은 이용하지 말고 곧바로 해양경찰서에 신고하여야 사고를 미리 방지할 수 있다.
- 낚시어선업자와 낚시꾼은 무리한 출항이나 정원초과는 요구도 승선도 하지 않는다.
- 출항 시에는 항상 구명재킷을 착용하고 항해 때는 난간에 걸쳐 앉는 일을 삼가야 하며 해난사고에 항상 대비하도록 한.
- 해안가 위험요소에 비치된 각종 안내판의 준수사항들을 절대로 지켜야 하며 금지구역은 출입을 하지 않도록 한다.
- 만일의 사태에 대비 휴대전화 등 긴급 연락이 가능한 통신장비를 휴대하여야 하고 낚시 추는 심각한 바다 오염의 주범으로 추의 철저한 관리가 필요하다.
- 가족과 주변 사람에게 행선지와 일정을 미리 알려준다.
- 야간에는 위치를 알릴 수 있는 랜턴과 체온 보호용 담요를 준비한다.
- 간·만조 시간을 반드시 확인한다.
- 휴대전화기 예비축전지(배터리)를 준비한다.
- 휴대용 라디오를 항상 지참하고 일기예보에 항상 신경을 기울인다.

갯바위 낚시 안전 방법은

- 날씨가 덥더라도 구명복은 항상 벗지 않도록 한다.
- 갯바위에 오를 때에는 빈 몸으로 가볍게 뛰어오르도록 한다.
- 가능한 작은 부피로 짐을 나눈다.
- 필수장비인 갯바위 낚시신발을 반드시 신는다.
- 짐은 항상 높은 곳에 올려놓도록 한다.
- 갯바위에는 반드시 2인 이상 함께 내려 낚시를 한다.
- 기상악화 등을 앞두고 철수는 과감하고 용기 있게 즉시 실행한다.
- 밤낚시를 할 경우에는 조명용 랜턴을 2개 이상 준비한다.
- 갯바위에서는 겨울철이 아니더라도 밤에 추위가 덮치므로 새벽 직전의 추위에 대비한다.
- 물에 잠긴 흔적이 있는 갯바위에서 낚시를 하지 않는다.

얼음 낚시 안전 방법은

- 안전사고 사전예방을 위해 끌로 찍어 빙질을 확인한다.
- 일반적으로 얼음 두께는 최소 5cm 이상 되는 곳에서 한다.
- 얼음 갈라지는 소리가 우렁차게 울리는 '쩌렁쩌렁' 소리와 달리 '빠지직' 하는 소리가 날 때는 위험하므로 주의를 한다.
- 전날 뚫어놓았던 얼음구멍이 쉽게 눈에 띄지 않거나 빙질의 상태를 식별하기 어려울 때는 진입을 자제한다.
- 빙질이 약해지는 한낮에는 단체로 모여 낚시를 하지 않는다.
- 특히, 어둠이 가시지 않은 시간에 지나친 단독행동은 절대 하지 않도록 한다.
- 안전사고 발생 때 구명복 대신 사용할 수 있는 대체 구명장비인 아이스박스를 지참하도록 한다.

놀이시설 안전

탑승대기 주의 사항

- 대기 중에 안전 울타리에 걸터앉거나 넘어가는 행위 또는 울타리 안으로 들어가 사진을 찍는 행위는 넘어지거나 유기기구(놀이기구)에 부딪힐 위험이 있으므로 특별히 조심한다.

일반 시설 안전 이용

- 놀이동산 안에 있는 일반 시설을 이용할 때도 안전에 대한 주의가 필요하다. 물놀이 시설이 있는 곳에서는 바닥에서 미끄러지기 쉬우므로 뛰어다니는 행동을 자제하고, 놀이기구 간 이동 시 계단 등의 미끄럽거나 날카로운 부분을 주의해서 다니도록 한다.
- 전기시설이나 화기시설, 울타리 내부 등 접근금지구역이나 운행하지 않는 놀이시설에 들어가면 위험하니 출입금지 구역에는 절대 들어가지 않도록 한다.

탑승 제한

- 놀이기구 탑승 시 가장 유의할 점은 바로 키 제한이다. 이 제한은 규정된 키보다 작은 사람은 놀이 기구에 탑승할 수 없다는 것으로서, 가장 기본이 되는 안전 보장 조건이다. 일부 놀이 기구는 보호자가 함께 이용하면 규정된 키보다 작은 어린이도 이용할 수 있는데, 이때 어린이의 보호자는 반드시 만 18세 이상의 성인이어

야 한다.
- 임산부, 노·소약자, 음주자 등 신체적으로 안전 위험이 따르는 사람은 놀이기구를 이용할 수 없다. 겉으로 보이지 않는 손님의 건강상태를 근무자가 일일이 확인하기 어려운 만큼 고혈압이나 심장질환, 디스크 등을 앓고 계신 분은 놀이기구 이용을 스스로 자제하는 것이 안전을 위한 최고의 방법이다.
- 놀이기구를 무리하게 오래 이용하거나 식사 후 이용할 때에는 충분한 휴식을 한 다음 이용해야 안전하다.

어린이 탑승

- 어린이와 함께 이용할 때는 안쪽으로 어린이를 앉히고 레버나 안전벨트가 제대로 장착되었는지 보호자가 반드시 확인한 후 안전봉을 두 손으로 꼭 잡게 한 다음 출발한다.
- 어린이 전용 놀이기구를 탈 때에는 출발 전에 반드시 보호자가 탑승을 도와 안전벨트를 확인하고, 하차할 때도 반드시 보호자가 직접 어린이를 챙기는 게 중요하다. 보호자는 어린이의 가장 훌륭한 안전관리자이다.

탑승 때 주의 사항

- 놀이기구 탑승 시 올바른 탑승 자세를 갖추는 것이 중요하다. 안전에 불필요한 행동은 삼가고 정확한 자세를 갖춘 다음 안전벨트를 착용했는지 점검한다.
- 롤러 코스터류의 놀이기구 중 상체가 고정되는 기종은 개인별로 안전레버와 벨트가 있지만, 하체 고정형 기구는 개인별 안전장치가 없으므로 안전점검 시 함께 탄 사람들이 서로서로 확인해 주는 배려가 필요하다.

- 안전장치가 없는 놀이기구에서는 탑승 중 일어서거나 뛰어내리는 등의 돌발행위를 일체 하지 말아야 하며 음식이나 음료수를 들고 탑승해서도 안 된다.
- 놀이기구의 기종마다 각기 특성에 맞는 안전벨트의 종류와 장착방법이 다르다는 사실을 유의하고 반드시 운행 요원의 안내에 따라 행동해야 안전하다는 사실을 기억해 둔다.

운행 중 자세

- 운행 중 떨어질 수 있는 물건은 가지고 타지 않으며 항상 안전레버를 손으로 잡고 있어야 한다. 운행 중 일어서거나 하는 불필요한 행동이나 안전장치를 풀거나 해체 또는 문을 열거나 하는 일체의 행위는 절대 시도해서는 안 된다.
- 창으로 손을 내민다거나 놀이기구 밖으로 오물을 버리는 행위, 운행 중 음식물을 먹거나 친구들과 과격하게 장난하는 행위 역시 위험하므로 자제해야 한다.
- 이러한 모든 행동들은 운행 중 승객이 스스로 안전을 지키고자 노력해야 하는 안전수칙인 만큼 이용자 스스로 행동으로 옮기는 마음가짐이 무엇보다 중요하다.

탑승 완료 후 퇴장

- 정지하기 전에 안전장치를 푸는 행위나 정지하고자 서서히 움직이는 동안 놀이기구에서 뛰어내리는 행위는 매우 위험하므로 결코 해서는 안 된다.
- 탑승객은 자신의 소지품을 확인한 후 천천히 놀이기구에서 하차하여 지정된 출구로 나간다.
- 출구로 뛰어나가는 행동 역시 대단히 위험하므로 자제한다.

물놀이 안전

■ 물놀이 안전 수칙은

- 음주 후 수영할 때 사고발생 위험이 크므로 금지 또는 자제한다.
- 수영을 하기 전에는 손, 발 등의 경련을 방지하고자 반드시 준비운동을 한다.
- 물에 처음 들어가기 전 심장에서 먼 부분부터(다리, 팔, 얼굴, 가슴 등의 순서) 물을 적신 후 들어간다.
- 수영도중 몸에 소름이 돋고 피부가 땅겨질 때 몸을 따뜻하게 감싸고 휴식을 취한다.

※ 이 경우는 다리에 쥐가 나거나 근육에 경련이 일어나 상당히 위험한 경우가 많으므로 특히 주의한다.

- 물의 깊이는 일정하지 않기 때문에 갑자기 깊어지는 곳은 특히 위험하다.
- 구조 경험이 없는 사람은 안전구조 이전에 무모한 구조를 삼가야 한다.
- 물에 빠진 사람을 발견하면 주위에 소리쳐 알리고 구조에 자신이 없으면 함부로 물속에 뛰어들지 않는다.
- 수영에 자신이 있더라도 될 수 있으면 주위의 물건들(장대, 튜브, 스티로폼 등)을 이용한 안전구조를 한다.
- 건강 상태가 좋지 않을 때나, 몹시 배가 고프거나 식사 후에는 수영을 하지 않는다.
- 자신의 수영능력을 과신하여 무리한 행동을 하지 않는다.
- 장시간 계속 수영하지 않으며, 호수나 강에서는 혼자 수영하지 않는다.

물에 들어갈 때 준비 사항은

일반적으로 수영하기에 알맞은 수온은 25~26°C 정도이다.
물에 들어갈 때는 다음 사항을 꼭 지켜야 한다.

- 준비운동을 한 다음 다리부터 서서히 들어가 몸을 순환시키고 수온에 적응시켜 수영하기 시작한다.
- 초보자는 수심이 얕다고 안심해서는 안 된다.
※ 물놀이 미끄럼틀에서 내린 후 무릎 정도의 얕은 물인데도 허우적대며 물을 먹는 사람들을 자주 볼 수 있으므로 절대 안전에 유의한다.
- 배 혹은 떠 있는 큰 물체 밑을 헤엄쳐 나간다는 것은 위험하므로 하지 않는다.
※ 숨을 들이쉰 상태에서 부력으로 배 바닥에 눌려 빠져나오기 어려울 때는 숨을 내뱉으면 몸이 아래로 가라앉기 때문에 배 바닥에서 떨어져 나오기 쉽다.
- 통나무 같은 의지 물이나 부유구, 튜브 등을 믿고 자신의 능력 이상 깊은 곳으로 나가지 않는다.
※ 의지할 것을 놓치거나 부유구에 이상이 생길 수 있다.
- 수영 중에 "살려 달라"라고 장난하거나 허우적거리는 흉내를 내지 않는다.
※ 주위의 사람들이 오인하여 사고로 이어질 수 있다.
- 자신의 체력과 능력에 맞게 물놀이를 한다.
※ 물에서 평영 50m는 육상에서 250m를 전속력으로 달리는 것과 같은 피로를 느낀다.
- 껌을 씹거나 음식물을 입에 문 채로 수영하지 않는다.
※ 기도를 막아 질식의 위험이 있다.

어린이 동반 물놀이 활동 때 유의사항은

- 어른들이 얕은 물이라고 방심하게 되는 그곳이 가장 위험할 수 있다.
- 어린이는 거북이, 오리 등 각종 동물 모양을 하고 보행기처럼 다리를 끼우는 방식의 튜브사용은 뒤집힐 때 아이 스스로 빠져나오지 못하고 머리가 물속에 잠길 수 있다.
- 보호자와 물 안에서 함께 하는 활동 안에서만 안전이 보장될 수 있으며, 어린이는 순간적으로 짧은 시간 안에 익사할 수 있다는 점을 명심해야 한다.
- 어린이와 관련된 수난사고는 어른들의 부주의와 감독 소홀로 발생할 수 있다.
- 인지능력과 신체 적응력이 떨어지는 유아와 어린이들은 보호자의 손을 뻗어 즉각 구조가 가능한 위치에서 감독해야 한다.
- 활동반경이 넓어지는 만 6~9세 이하 어린이들은 보호자의 통제권을 벗어나려는 경향을 보이므로 사전 안전교육과 주의를 주어 통제한다.

물놀이 상황별 대처요령은

1. 파도가 있는 곳에서 수영할 때는

- 체력의 소모가 적게 편안한 기분으로 수영한다. (긴장하면 그 자체로서 체력소모가 발생한다)
- 머리는 언제나 수면상에 내밀고 있어야 한다.
- 물을 먹지 않으려고 기를 쓰고 참기보다 마시는 쪽이 오히려 편안할 수도 있다.
- 큰 파도가 덮칠 때는 깊이 잠수할수록 안전하다.
- 지쳐서 휴식을 할 때는 바람이 부는 방향에 따라 다르다. (눕거나, 선헤엄)
- 큰 파도에 휩싸였을 때는 버둥대지 말고 파도에 몸을 맡기고 숨을 중지해 있으면

자연히 떠오른다.
- 파도가 크게 넘실거리는 곳은 깊고 파도가 부서지는 곳이나 하얀 파도가 있는 곳은 일반적으로 얕다. 또 색이 검은 곳은 깊고, 맑은 곳은 얕다.
- 간조와 만조는 대개 6시간마다 바뀌므로 간만 때의 조류변화 시간을 알아두는 것은 대단히 중요하다. 조류가 변할 때는 언제나 흐름이나 파도, 해저의 상태가 급격하게 변화하게 된다.
- 거센 파도가 밀려났을 때는 파도에 대항하지 말고 비스듬히 헤엄쳐 육지를 향한다.

2. 수초에 감겼을 때는
- 수초에 감겼을 때는 부드럽게 서서히 팔과 다리를 움직여 풀어야 하고 만약 물 흐름이 있으면 흐름에 맡기고 잠깐만 조용히 기다리면 감긴 수초가 헐거워지므로 이때 털어 버리듯이 풀고 수상으로 나온다.
- 놀라서 발버둥칠 경우 오히려 더 휘감겨서 위험에 빠질 수 있으므로 침착하게 여유를 가지고 호흡하며, 서서히 부드럽게 몸을 수직으로 움직이면서 꾸준히 헤어 나오도록 한다.

3. 수영 중 경련이 일어났을 때는
- 경련은 물이 차거나 피로한 근육에 가장 일어나기 쉽고 수영하는 사람은 수영 중 그러한 상황에 항시 놓여있으므로 흔히 발생할 수 있다.
- 경련이 잘 일어나는 부위는 발가락과 손가락이고 넓적다리 부위에서도 발생하며, 식사 후 너무 빨리 수영을 하였을 때는 위경련이 일어날 수 있다.
- 경련이 일어나면 먼저 몸의 힘을 빼서 편한 자세가 되도록 하고(당황하여 벗어나려고 하면 더 심한 경련이 일어난다.) 경련 부위를 주무른다. 특히 위경련은 위급한 상황이므로 신속히 구급요청을 한다.

4. 하천이나 계곡물을 건널 때는

- 물결이 완만한 장소를 선정하여, 될 수 있으면 바닥을 끌듯이 이동한다.
- 시선은 건너편 강변 둑을 바라보고 건너야 한다.
- 이동 방향에 돌이 있으면 될 수 있으면 피해서 간다.
- 다른 물체를 이용 수심을 재면서 이동한다(지팡이를 약간 상류 쪽에 짚는다).
- 물의 흐름에 따라 이동하되 물살이 셀 때는 물결을 약간 거슬러 이동한다.
- 건너편 하류 쪽으로 밧줄(로프)을 설치하고 한 사람씩 건넌다.
- 밧줄(로프)은 물 위로 설치한다. 밧줄이 없을 때 여러 사람이 손을 맞잡거나 어깨를 지탱하고 물 흐르는 방향과 나란히 서서 건넌다.

5. 물에 빠졌을 때는

- 흐르는 물에 빠졌을 때는 물의 흐름에 따라 표류하며 비스듬히 헤엄쳐 나온다.
- 옷과 구두를 신은 채 물에 빠졌을 때는 심호흡을 한 후 물속에서 새우등 뜨기 자세를 취한 다음 벗기 쉬운 것부터 차례로 벗고 헤엄쳐 나온다.

6. 침수·고립되었을 때는

- 부유물 등을 이용하며, 특히 배수구나 하수구에 빠지지 않도록 유의한다.
- 도로 중앙지점을 이용하고 될 수 있으면 침수 반대 방향이나 측면 방향으로 이동한다.
- 자기 체온 유지에 관심을 둬야 하며 무리한 탈출 행동을 삼간다.
- 가능한 모든 방법을 이용하여 구조 신호를 한다(옷이나 화염을 이용)
- 가능하다면 라디오나 방송을 청취하여 상황에 대처한다.

7. 보트를 탈 때는

- 보트에 들어갈 때는 배를 도크나 강변에 나란히 대놓고 안정시키고 배 뒤쪽에서 양손으로 뱃전을 잡고 배 위의 바닥으로 발을 천천히 옮긴다.
- 배 안에서 균형이 잡히면 중심을 낮춘 자세로 자리를 이동한다.
- 보트에서 나올 때는 보트에 들어갈 때와 반대로 하고 내릴 때 뒷발이 배를 강 쪽으로 밀지 않도록 유의한다.
- 물속으로 떨어졌을 때는 즉시 수면으로 올라와 배를 붙잡아야 하고 잠시 휴식한 후 배 뒤쪽으로 돌아와서 몸을 솟구쳐 상체부터 올려놓는다.
- 모든 승선자는 구명조끼를 착용해야 한다.

8. 계곡에서 야영지를 선택할 때는

- 계곡에서 야영지를 선택할 때는 물이 흘러간 가장 높은 흔적보다 위쪽에 있도록 하고, 대피할 수 있는 고지대와 대피로가 확보된 곳을 선정하며 또한 낙석 위험과 산사태 위험이 없는 곳이어야 한다.

※ 물놀이 사고 및 안전사고 발생 때 즉시 119 (해상 122) 또는 1588-3650으로 신고하시기 바랍니다.

9. 갯벌에서 물놀이를 할 때는

- 어민들이 갯벌 출입을 위해 만들어 놓은 진입로가 있는 경우에는 진입로를 이용해 출입하며, 진입로로부터 멀리 떨어진 곳은 출입하지 않는다.
- 갯벌에 갯골이 있는 경우 갯골을 넘어가지 않는다. 밀물 시 갯골에 물이 먼저 차오르기 때문에 수심이 깊어져 넘어오지 못하는 경우가 있으며 갯골 주변의 갯벌은 물이 많이 머물고 있어 발이 빠지는 경우가 많으니 접근하지 않는다.
- 갯벌에는 절대로 어린이 혼자 들어가지 않도록 하며 어른도 혼자 들어가지 않는다.

- 갯벌에 발이 깊이 빠진 경우 빠지면 반대 방향으로 엎드려 기어 나오며, 안내인의 도움을 받는다. 위급한 경우 119의 도움을 받는다.
- 갯벌에는 맨발로 들어가지 않는다. 발에 잘 맞는 장화를 착용하며 샌들을 착용할 때 반드시 양말을 착용한다. 갯벌에는 어패류의 패각 등이 있어 맨발로 출입하면 심한 상처를 입을 수 있다.
- 갯벌체험 시 되도록 긴소매의 옷을 착용하며 창이 넓은 모자로 자외선으로부터 보호하며 자외선 차단제를 발라 화상을 예방하고 식수를 준비해 탈수를 예방한다.
- 갯벌체험 시 갑자기 안개가 끼면 밀물 시간과는 관계없이 즉시 갯벌에서 나오고, 방향을 잃었을 때는 갯벌에 조류 때문에 생긴 물결 모양 결(연흔)의 방향을 살펴보고 경사가 완만한 연흔의 직각 방향으로 나오면 육지 쪽으로 나올 수 있다.

산행 안전

위급 상황 시 행동 요령(3C)

- 1단계 : 위급상황을 인식하고 어떻게 행동할지를 결정하는 것(Check)
- 2단계 : 도움을 요청하는 것(Call)
- 3단계 : 응급의료기관에 인계할 때까지 적절한 처치를 하는 것(Care)

구조 요청 시 꼭 알려야 할 정보

- 응급 상황이 발생한 정확한 장소
- 무슨 일이 일어났는지
- 부상자의 상태 정도
- 전화 거는 사람의 이름, 연락처
- 얼마나 많은 사람이 다쳤는지
- 응급처치는 어떻게 하고 있는지

부상자 조사와 응급처치 요령

- 의식확인
- 호흡확인
- 맥박확인
- 출혈확인
- 얼굴색

- 체온·피부상태 확인
- 골절확인
- 구토 등 주변상황 확인
- 응급처치
- 기도개방
- 구조호흡
- 심폐소생술
- 충격예방 처치
- 지혈
- 상처 처치·골절 처치

산에 오를 때는 어떻게 할까?

- 산행은 아침 일찍 시작하여 해지기 한두 시간 전에 마친다.
- 하루 8시간을 산행하고, 체력의 30%는 비축한다.
- 일행 중 약한 사람을 기준으로 산행한다.
- 될 수 있으면 30킬로그램 이상의 짐을 지지 않는다.
- 배낭에는 기상이변 등을 대비 랜턴, 우의, 휴대전화(예비축전지), 상비약품을 준비하고 손에는 될 수 있으면 물건을 들지 않는다.
- 등산화는 발에 잘 맞고 통기성과 방수성이 좋은 것을 신는다.
- 산행 중에는 한꺼번에 너무 많이 먹지 말고, 조금씩 자주 섭취한다.
- 산에서는 아는 길도 자주 지도를 보고 확인한다.
- 길을 잘못 들었을 때는 당황하지 말고, 아는 위치까지 되돌아가서 다시 확인한다.
- 등반로 외의 산행을 삼가고, 길을 잃었을 때에는 계곡을 피하여 능선으로 올라간다.

등산화 바닥 전체로 지면을 밟고 안전하게 걷는다.

- 보폭을 너무 넓게 하지 말고 항상 일정한 속도로 걷는다.
- 발 디딜 곳을 잘 살펴 천천히 걷는다.
- 처음 몇 차례는 15~20분 정도 걷고 5분간 휴식하고, 차츰 30분 정도 걷고 5~10분간 휴식한 다음 산행에 적응이 되면 1시간 정도 걷고 10분간씩 휴식하는 것이 좋다.
- 산행 시에는 수시로 지형과 지도를 대조하여 현재 위치를 소방서에서 설치한 위치판 고유번호와 함께 확인하는 것이 좋다.
- 내려갈 때는 자세를 낮추고 발아래를 잘 살펴 안전하게 디딘다.
- 썩은 나뭇가지 풀, 불안정한 바위를 손잡이로 사용하지 않는다.
- 급경사 등 위험한 곳에서는 보조 자일을 사용하는 것이 좋다.

산에서 캠핑할 때는

- 야생동물이나 곤충으로부터 피해를 보지 않도록 주의하고, 뱀 등이 나타나면 절대로 공격을 하면 안 된다.
- 계곡에서 캠핑할 때는, 밤사이 집중호우가 내려 물이 갑자기 불어나면서 위험해질 수 있으므로 물 가까이 텐트를 치지 않는다.
- 물을 쉽게 구할 수 있고 바닥이 평평해야 하며, 뒤에 암벽이나 언덕이 없어 산사태 위험이 없는 곳에 텐트를 친다.
- 벌레에 물리면 비눗물로 즉시 씻고, 항히스타민제 연고를 바른다.
- 휴대용 랜턴, 라디오, 밧줄(로프), 구급약품 등을 준비해둔다.
- 호우주의보 발령 시 라디오에 귀를 기울여 기상상태를 주시한다.
- 등산 중일 때에는 빨리 하산하거나 급히 높은 지대로 피신하되, 물살이 거센 계곡을 절대로 건너지 않는다.
- 야영 중에 물이 밀려들 때에는 절대로 물건에 미련을 두지 말고 신속히 대피한다.
- 집중호우 시 나무로 만들어진 다리(교량)는 건너지 않는다.

수상 안전

안전한 수상활동은

- 수상활동 시에는 구명조끼 등 안전장비 착용을 생활화한다.
- 활동 전에 일기예보에 귀를 기울이고, 활동 중에도 현지 기상변화를 수시로 확인한다.
- 기상 불량 시 무리한 수상활동을 하지 않는다.
- 천둥·번개가 칠 때는 즉시 물 밖으로 나와야 한다.
- 장비점검을 생활화한다.
- 활동 전에 사용기구(장비)에 대한 연료가 충분한지, 물이 새는 곳은 없는지, 엔진에 문제가 없는지 확인한다.
- 비상연락 수단과 조난신호 장비를 갖추어야 한다.
- 바다에서는 언제 어느 때 조난을 당할지 모르기 때문에 휴대전화나 다른 통신장비(호루라기, 부표 등)를 갖추어야 한다.
- 일몰 30분 후부터 일출 30분 전까지는 수상활동을 하지 말고, 야간 수상활동을 해야만 하는 경우는 반드시 나침반, 통신기기, 야간 조난신호 장비, 전등 등의 야간운행 장비를 갖추어야 한다.
- 원거리 수상 레저 활동은 반드시 해양경찰서 등 관계기관에 신고 후 한다.
- 수상 레저 활동 금지구역을 반드시 지켜야 한다.
- 해수욕장의 수영경계선 안쪽은 수영하는 사람들을 보호하는 구역이므로 진입하지 않는다.
- 조종면허 자격이 필요한 선박 이용 시 무면허 및 음주 조종 등을 하지 않는다.
- 관계 공무원의 안전관리 업무에 적극적으로 협조한다.

수상레저 안전수칙은

1. 수상스키는

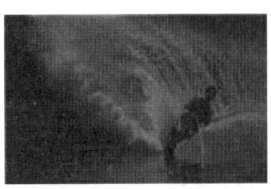

- 준비운동을 철저히 한다.
- 안전 수신호를 반드시 숙지한다.
- 스키어와 드라이버가 잘 아는 장소에서만 탄다.
- 기본적인 수영 실력이 있는 사람이 타고 구명조끼는 반드시 착용한다.
- 장비는 자신에게 적당한 것을 사용하고 사용 전에는 파손 여부를 확인한다.
- 자격자가 운전하는 보트만 이용한다.
- 보트의 힘은 견인 줄에 집중되므로 몸에 감기거나 놓치지 않도록 한다.
- 음주나 약을 복용하고 타지 않는다.
- 출발 전에 타는 사람과 운전자가 서로 신호를 정해둔다.
- 넘어질 때에는 핸들을 과감히 놓아버린다.
- 마치고 돌아올 때에는 물가와 평행으로 서서히 접근한다.
- 보트가 가까이 다가오면 보트 뒷부분의 스크루-프로펠러를 조심하고, 움직이는 보트를 무리하게 잡지 않는다.

2. 래프팅은

- 출발 전 코스, 안전수칙, 장비 등을 확인한다.
- 래프팅 전에는 반드시 충분한 준비운동을 한다.
- 구명조끼와 안전 헬멧은 꼭 착용하고, 벗거나 느슨하게 하지 않는다.
- 튜브 사이 또는 보트 안의 밧줄(로프)에는 발이나 손을 끼우지 않는다.
- 급류에서 선두는 먼저 통과하고 난 후 대기 상태에서 뒤에 오는 보트를 안전하게

유도한다.
- 휴식 후 출발 시에는 인원과 장비를 다시 확인한다.
- 보트와 보트 사이의 간격은 약 20~30미터를 유지한다.
- 전복 시에는 보트 속에 사람이 있는지 확인한다.
- 음주자, 정신지체자, 임산부, 정신병자, 심장질환자 등이 보트를 타는 것은 위험하다.
- 보트에는 일체의 음식물이나 주류를 싣지 않는다.
- 보트에서는 인명구조요원(래프팅 가이드)의 안내에 따라 행동하고 개인행동은 하지 않는다.
- 보트 속의 밧줄(로프)을 느슨하게 두지 않는다.
- 초보자들끼리 급류를 타는 것은 위험하므로 경험이 풍부한 사람과 같이 타야 한다.

3. 보트·카누 타기는

- 보트나 카누를 탈 때에는 구명조끼를 반드시 착용한다.
- 멀리 나가기 전에는 그 지역 날씨를 주의 깊게 살펴야 한다.
- 갑작스런 날씨 변화가 관측되면 즉시 물가로 피해야 한다.

- 출발하기 전에는 항상 언제·어디로 떠날 것인가를 관리자에게 알려야 한다.

4. 서핑·윈드서핑은

- 반드시 구명조끼를 착용하고, 수상의 상태와 날씨 조건을 확인한다.
- 초보자들은 바람이 육지 쪽이나 육지와 평행으로 불 때 연습하고, 수시로 기상

에 신경을 쓰도록 한다.
- 자신의 능력과 체력을 과대평가하지 않는다.
- 윈드서핑을 하는 장소를 벗어나지 않는다.
- 해수욕장이나 낚시터와 같이 사람들이 많이 모인 구역은 피한다.
- 포구나 양식·어장 근처는 피한다.

5. 스킨스쿠버다이빙은

- 공인된 강사로부터 충분히 잠수교육을 받아야 한다.
- 수역의 수심·수세, 응급처치법, 구조법 등을 잠수 전에 익혀둬야 한다.
- 잠수는 반드시 2인 1조로 하고 혼자서 잠수하지 않는다.
- 잠수하는 동안에는 차분하고 규칙적으로 호흡하도록 한다.
- 레저 잠수는 수심 30미터 이내에서 하고 감압 수칙을 준수한다.
- 상승속도는 분당 9미터가 넘지 않도록 한다.
- 잠수 후 상승 도중 수심 5미터에서 안전 감압을 3~5분간 실시한다.
- 위쪽에 배나 장애물이 없는지 살피면서 천천히 상승해야 한다.
- 신뢰할 수 있는 장비를 잘 정비하여 사용한다.
- 부력조절기를 반드시 사용하고, 수면에 잠수 표시기를 띄워야 한다.
- 파도가 높고 날씨가 나쁠 때는 잠수를 하지 않는다.
- 항로나 항만경계, 어항의 수역에서는 잠수하지 않는다.
- 공기통(Scuba Tank)의 공기가 50kg/㎠ 정도 남으면 상승하기 시작하고, 물에서 나온 후에 약간의 공기가 남도록 한다.
- 수중에 있는 수·생물들을 포획하거나 함부로 만지지 않는다.

- 스쿠버 다이빙 자격이 없는 사람에게는 장비를 빌려주지 않는다.
- 강사가 아닌 사람은 가르치지 않는다.

- 스킨스쿠버다이빙 장비 -

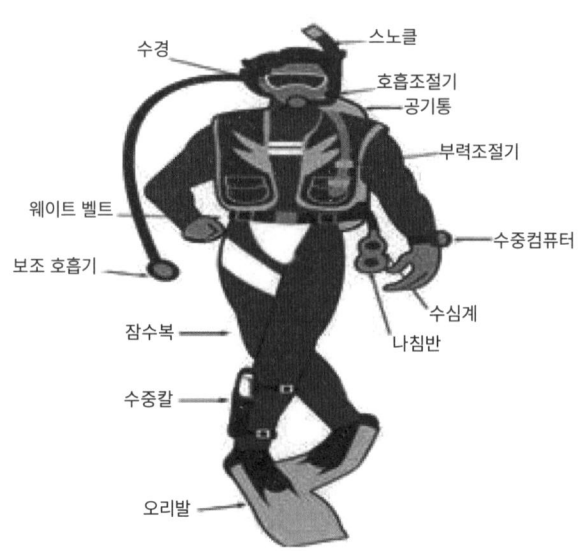

승강기 안전 사고

승강기 안전 이용

- 우리는 일상생활 중 아파트와 빌딩, 병원, 백화점 등에서 승강기를 많이 이용한다. 이제 승강기 없는 생활은 상상할 수 없을 만큼 그 중요성이 갈수록 커지고 있다. 이토록 중요한 승강기를 올바로 이용하지 않으면 고장이나 사고가 발생할 수 있기 때문에 다음과 같은 이용 수칙을 꼭 지켜줄 것을 당부하고 있다.
- 정원 및 적재하중의 초과는 고장이나 사고의 원인이 되므로 엄수하여야 한다.
- 조작반의 인터폰 및 비상정지 스위치 등을 장난하지 말아야 한다.
- 승강기 내에서 뛰거나 구르는 등의 행동을 하지 말아야 한다.
- 어린이와 노약자는 가급적 보호자와 함께 이용하도록 하여야 한다.
- 문턱에 이물질이 끼거나 틈새에 물이 들어가지 않도록 해야 한다.
- 화재 시에는 승강기를 타지 말고 비상계단을 이용해야 한다.
- 도어 개폐기, 출입문에 기대면 손이나 옷자락이 딸려 들어가므로 조심해야 한다.
- 정전이나 고장 등으로 승강기 안에 갇히면 인터폰으로 구조를 요청하고 보수업체, 119구조대 등의 구조를 받을 때까지 침착하게 기다린다

승강기 안전 문화

- 승강기는 많은 사람이 이용하는 공동 시설물이므로 올바른 이용수칙과 함께 에티켓을 준수하여야 한다. 특히 승강기를 "타거나 내릴 때 질서 지키기", "어린이와 노약자에게 우선 양보", "뒤에 오는 탑승자를 위해 버튼 누르기" 등의 기본적인 에티켓을 지키면 본인은 물론 이용자 모두가 상쾌하게 이용할 수 있고 사고예방에도 도움이 된다.
- 승강기를 타고 내릴 때는 질서를 지킨다.
- 어린이와 노약자가 먼저 타고 내릴 수 있도록 양보한다.
- 승강기 버튼으로 장난치지 말고 카 안에 휴지나 오물을 버리지 않는다.
- 승강기 안에서 떠들지 말고 담배를 피우지 않는다.
- 승강기 안에서 발을 구르는 등 충격을 주지 않는다.
- 뒤에 타는 이용자를 위해 열림 버튼을 눌러준다.
- 정원이 초과되면 맨 나중에 탄 승객이 내린다.

승강기 고장 시 안전 구조

- 평소에 제대로 운행되던 승강기가 갑작스러운 정전이나 고장이 발생해 카 안에 갇히게 되는 경우가 있다. 이럴 땐 당황하고 조급한 마음으로 카 문을 열고 탈출을 시도하다가 승강로 아래로 추락하는 사고를 당할 수 있다. 이용 중이던 승강기가 갑작스러운 정전이나 고장을 일으켰을 때는 절대로 당황하지 말고 침착하게 카 내에 부착되어 있는 인터폰으로 관리사무실 등에 알려 전문가로부터 안전한 구조를 받아야 한다.
- 정전 등의 이유로 실내조명이 꺼지더라도 당황하지 말고 인터폰으로 연락하여야

한다.
- 임의로 판단하여 탈출을 시도하지 말아야 한다.
- 구조의 요청으로 구출되는 경우 반드시 구출자의 지시에 따라야 한다.
- 카 문을 강제로 개방하지 말아야 한다.

에스컬레이터 안전 수칙

- 백화점, 대형 할인매장 등의 유통시설과 지하철역 등에 설치, 운행되는 에스컬레이터와 수평 보행기의 이용에 따른 안전사고가 갈수록 늘어나고 있다. 특히 어린이들이 안전수칙을 제대로 지키지 않아 많이 발생하는 에스컬레이터 사고는 발판의 가장자리에 옷자락이나 신체의 일부가 끼여서 일어나는 사례가 대부분이지만, 수평 보행기의 경우처럼 서로 교차하는 지점의 삼각부에 머리를 부딪쳐 부상을 입기도 한다. 안전이용수칙을 지켜 사고를 예방한다.
- 옷이나 물건 등이 틈새에 끼이지 않도록 주의해야 한다.
- 핸드 레일 밖으로 몸을 내밀지 말아야 한다.
- 디딤판 위에 앉지 말아야 한다.
- 어린이나 노약자는 보호자가 손을 잡고 타야 한다.
- 사고 발생 시에는 비상정지 버튼을 조작하여 작동을 멈추게 해야 한다.

엘리베이터 사고 예방은

1. 엘리베이터 안전사고 예방은
    - 엘리베이터 내에 부착된 유의사항을 지켜야 한다.
    - 탑승정원이나 적재하중의 초과는 고장과 사고의 원인이 될 수 있다.

- 조작반의 인터폰, 비상정지 스위치 등을 장난으로 조작하지 않는다.
- 버튼을 불필요하게 누르거나 난폭하게 다루지 않는다.
- 운행 중인 엘리베이터 내에서 뛰거나 심한 장난을 하지 않는다.
- 엘리베이터 출입문을 흔들거나 손으로 밀지 말아야 하며 출입문에 기대지 않는다.
- 엘리베이터 내에서는 담배를 피우지 않는다.
- 어린이나 노약자는 될 수 있으면 보호자와 함께 탑승하도록 하고 애완동물은 안고 탑승한다.
- 지정된 용도 이외에는 사용하지 않는다.
- 출입문의 문턱 틈이나 문 사이에 이물질을 버리지 않는다.
- 관리자의 입회·허락 없이 크거나 무거운 화물을 무단으로 싣지 않는다.

2. 엘리베이터가 정지된 때는

- 정전으로 엘리베이터가 멈추거나 실내등이 꺼지면 침착하게 인터폰으로 연락한다.
- 엘리베이터가 도중에 정지하면 마음대로 탈출하지 말고 인터폰으로 구조를 요청한다.
- 비상환기구는 탈출구가 아니므로 열려고 하지 않는다.
- 구조를 요청하여 구출되는 경우에는 반드시 구조 요원의 안내에 따라야 한다.
- 굉음이 들리거나 진동이 있으면 인터폰으로 연락한다.
- 출입문을 강제로 개방을 하지 않는다.
- 화재가 났을 때는 엘리베이터를 타지 않고 반드시 계단을 이용하여 피난한다.

에스컬레이터 및 무빙업 안전 사고 예방은

- 의복, 스카프 등이 틈새에 끼지 않도록 주의한다.

- 핸드 레일을 잡는다.
- 천천히 타도록 하고, 황색 안전선 안쪽에 타야 한다.
- 가장자리에는 발이 닿지 않도록 한다.
- 유아와 애완동물은 안고 타야 하며 어린이나 노약자는 보호자의 손을 꼭 잡고 타야 한다.
- 주행방향을 거슬러 타거나 장난을 하지 않는다.
- 어린이가 에스컬레이터 위에서 놀지 않도록 지도한다.
- 계단에 앉거나 맨발로 타지 않는다.
- 동전, 열쇠 등을 떨어뜨리지 않도록 가방이나 주머니에 넣도록 한다.
- 유모차 등은 접어서 들고 타야 한다(수평 보행기 제외).
- 화물을 싣거나 계단에 놓지 않는다(수평 보행기 제외).
- 담배를 피우거나 꽁초, 쓰레기 등을 버리지 않는다.
- 비상정지 버튼을 함부로 누르지 않는다.
- 핸드 레일 밖으로 머리나 팔을 내밀지 말아야 한다.

얼음판 유의사항과 빠졌을 때 대처와 인명구조 방법

□ **얼음판 유의사항**

○ 얼음판 두께 최소 15cm 이상으로 얼음판 위에 올라서도 소리가 나지 않을 것

○ 얼음에 눈이 덮일 경우 제대로 잘 얼었는지 관측이 어려움.
  눈이 이불처럼 보온재 역할을 해 조금만 기온이 올라도 빙질이 약해짐

○ 얼음이 두껍게 얼었다 하여도 함부로 올라가는 것은 위험천만, 얼음 두께가 천차만별이고 기온이 올라가면 금방 깨질 수 있음

○ 안전이 검증되지 않은 저수지, 하천, 강 등의 얼음 위에서 놀이나 얼음낚시는 위험천만

○ 얼음판이 위험한 경우 진입로의 얼음을 깨트려 놓고 출입통제선과 위험경고 표시판 설치

□ **얼음판에 빠졌을 때 대처와 인명구조 방법**

○ 사고를 목격한 경우 곧바로 119 신고 당부, 얼음은 한번 깨지면 연쇄반응을 일으킬 수 있으니 섣불리 얼음에 들어가 구조하면 안 됨

○ 사고 주변에서 물에 뜨는 도구를 이용, 긴 막대기나 주변에 물에 뜨는 플라스틱 통에 끈을 매달아 수난자에게 던져 구하는 등 주변 도구들을 이용

○ 무리하게 얼음 위로 올라오려다가는 더 위험, 얼음 위에 팔을 올려놓고 침착하게 구조를 기다려야 한다.

- 이미 깨져버린 얼음은 주변 얼음도 약하게 함. 당황하여 무리하게 얼음 위로 올라오려다가는 체력이 고갈되고 저체온이 빨리 오며 수난자가 얼음 밑으로 들어갈 수

있기 때문
○ 주변 도움을 요청할 수 없을 때는 열쇠 등 소지품을 이용, 날카로운 도구로 얼음을 찍어 체중을 분산시켜 나올 것
○ 수난자의 체온을 유지시켜 준다.
- 물에 빠진 수난자를 구했을 경우 저체온으로 인해 건강이 나빠질 수 있음. 담요 등을 이용 체온을 높여주고 바로 병원에 진찰을 받을 수 있도록 함

☆ 응급처치요령 ☆

■ 어지러울 때(빈혈, 저혈압)
▷ 머리를 낮게 하고 다리를 높게 한다.
▷ 옷을 느슨하게 하고 머리를 낮게 하여 누인다.

■ 더위에 쓰러졌을 때(일사병)
▷ 통풍이 잘 되는 그늘로 옮긴다.
▷ 옷을 벗기고, 물수건으로 씻어주거나 부채질을 하여 몸을 식힌다.
▷ 호흡이 없으면 인공호흡을 실시하고, 맥박이 없으면 심폐소생술을 실시한다.

■ 쓰러졌을 때(의식 있음)
▷ 안색이 좋은 경우 : 수평으로 누인다.
▷ 안색이 창백한 경우 : 다리를 높게 하여 누인다.
▷ 안색이 붉은 경우 : 머리를 높게 하여 누인다.

■ 의식이 없을 때
▷ 환자를 돌려 옆으로 누인다.
▷ 밑에 팔은 펴고, 위에 팔은 구부려 얼굴을 받친다.
▷ 위의 다리를 직각으로 구부려 몸을 비스듬히 지지할 수 있게 한다.

■ 쇼크 발생 시
▷ 출혈 시 지혈시키고, 골절 시 부목을 댄다.
▷ 환자 관찰 중 호흡이 멎으면 인공호흡을 실시하고, 맥박이 멎으면 심폐소생술을 실시한다.

▣ 귀에 물이 들어갔을 때

▷ 귓구멍에 손가락을 넣었다가 갑자기 빼면 압력에 의해 물이 나온다.

▷ 물이 들어간 귀를 아래로 하고 한 발로 껑충껑충 뛴다.

▷ 면봉 등으로 귓속의 물을 닦아낸다.

▣ 귀에 벌레가 들어갔을 때

▷ 어두운 곳에서 손전등을 귀에 비추면 벌레가 나온다.

▷ 또는 귓구멍 속에 올리브유나 알코올을 1~2방울 떨어뜨려 죽이고 귀이개로 꺼낸다.

▣ 개에 물렸을 때

▷ 흐르는 수돗물에 상처를 씻는다.

▷ 과산화수소로 소독한다.

▷ 거즈와 붕대로 감싼 후 전문의를 찾는다.

▷ 개의 광견병 예방접종 여부를 파악하고 묶어 놓도록 한다.

▣ 뱀에 물렸을 때

▷ 독이 심장으로 가지 못하도록 정맥이 압박될 정도로 묶는다.

▷ 되도록 빨리 상처 부위에서 독소를 빨아내어 뱉는다.

▣ 코피가 날 때

▷ 머리를 앞으로 숙이고 코의 중격을 지속적으로 세게 누른다(5~10분간).

▷ 화장지 등으로 막는다.

▷ 얼음주머니를 코 위에 올려주면 지혈에 도움이 된다.

■ 화상을 입었을 때

▷ 옷을 억지로 벗기지 말고 세면기에 물을 받아 통증이 가실 때까지 식힌다.

※ 흐르는 물에 직접 대고 식히지 말 것. (통증이 심해질 수 있음)

■ 화학약품이 닿았을 때

▷ 다량의 흐르는 물로 20분 이상 씻어준다.

※ 옷을 입은 채 물에 담근다.

▷ 깨끗하고 부드러운 천으로 싸서 전문의를 찾는다.

■ 동상일 때

▷ 따뜻한 장소로 옮기고 옷을 느슨하게 한다.

▷ 40°C 정도의 따뜻한 물에 담가 보온한다.

※ 뜨거운 물에 넣거나 불에 쬐면 안 됨

▷ 동상부위를 과산화수소로 소독하고 천으로 싼다.

■ 손가락이 잘렸을 때

▷ 상처에 거즈나 타월을 감아 지혈한다.

▷ 잘린 손가락이나 손은 거즈로 싸서 비닐봉지에 담고, 이것을 얼음이 채워진 비닐봉지에 넣어 병원으로 간다.(병원에서 접합수술)

■ 골절일 때

▷ 부러진 뼈는 절대 움직여서는 안 된다.

▷ 만약 다친 사람이 움직여야 할 경우에는 반드시 부목으로 고정해야 한다.

▷ 다친 부위는 바닥으로부터 15cm 정도 높이면 부기와 통증이 감소한다.

☆ 불조심 10대 안전수칙 ☆

◼ 가 정
○ 전열기구는 사용 후 반드시 플러그를 뽑는다.
○ 어린이에게 불을 맡기거나 불장난을 하지 않는다.
○ 취침 전, 외출 시에는 화기 및 전기, 가스밸브 안전상태를 확인한다.

◼ 직 장
○ 매일 퇴근 시간 전후 불조심 방송을 실시한다.
○ 담뱃불이나 꽁초를 아무 곳에나 버리지 않는다.
○ 난로주위에는 비상시를 대비 소화기, 모래 등을 준비한다.
○ 자체 방화 순찰을 철저히 한다.

◼ 공 장
○ 유류 등 위험한 물품은 지정된 안전한 장소에서 취급한다.
○ 불필요한 전기시설은 휴무기간 동안 전원 개폐기를 완전 차한다.
○ 전기(석유, 가스)기구 부근에는 타기 쉬운 물질을 두지 않는다.

☆ 소방안전수칙 ☆

■ 시설관리

　○ 화기를 사용하는 장소에는 가연물을 방치하지 않는다.

　○ 위험물을 저장·취급시설은 안전하게 관리한다.

　○ 비상구를 잠그거나, 피난통로에 장애물을 방치하지 않는다.

　○ 불을 사용하는 작업장에는 소화기를 반드시 준비한다.

■ 안전관리

　○ 노후전선 및 불량 전기기구는 규격품으로 교체한다.

　○ 사용하지 않는 전기기구 스위치는 끄고 플러그를 뽑아둔다.

　○ 작업(업무) 종료 시에는 전원을 반드시 차단한다.

　○ 가스용기는 옥외에 직사광선을 피하여 안전한 장소에 보관한다.

　○ 전기시설, 가스사용 시에는 항상 책임자가 확인토록 한다.

■ 자율 방화관리

　○ 화재 위험 시설은 방화순찰을 철저히 한다.

　○ 소방시설을 철저히 관리하고 전 직원에게 사용법을 알려준다.

　○ 매월 1회 이상 화재예방 교육과 소방훈련을 실시한다.

　○ 출·퇴근 시 부서별 화기점검을 하여 불조심을 생활화한다.